JN100785

京浜急行
沿線アルバム

解説　山田 亮

600形（Ⅱ）8両編成の快特三浦海岸行。先頭はデハ625。快速特急（快特）運転開始時は堀ノ内を通過したが、1999年7月から堀ノ内以南は各駅停車となった。◎堀ノ内　1983（昭和58）年7月　撮影：山田 亮

2000形登場後に赤と白帯塗装になった800形6両固定編成。背後の山は現在では災害対策のため線路沿いの斜
面(のり面)がコンクリートで補強されている。画面右側の先でJR横須賀線と交差している。
◎安針塚〜京浜田浦(現・京急田浦) 1983(昭和58)年5月15日　撮影:森嶋孝司(RGG)

はじめに

京急の魅力

　京浜急行電鉄(以下、京急と記す)のファンは多く、非常に熱心なファンも少なくない。ファンの多い私鉄には共通項があることに気づく。それは料金不要列車での「クロスシート」の存在と「スピード」である。京急がそのいずれも満たしていることは言うまでもない。京急は華やかな座席指定特急専用車こそないが、快特として運行される2ドア一方向きクロスシートの2100形は京急のシンボルであり、3ドア・ロングシート車であっても快特、特急に使われる600形Ⅲ、1000形Ⅱ(N1000形)は車端部に向い合せクロスシートがあり、通勤車両であっても少しでもクロスシートに座っていただき「旅行気分」を味わってもらおうする会社側の姿勢の表れだろう。

　次の京急の魅力はそのスピードである。京急の走りっぷりを「カーブもなんのその、豪快に走る」と表現した人がいたが、住宅が密集する沿線を家々の軒下をかすめるように100キロ以上で飛ばす走りはまさにスリル満点で関東では京急だけで味わえるといってもいいだろう。

　京急のスピードアップの歴史を簡単に記すと、1953年に特急が最高90キロ、1958年に2ドア・クロスシートの初代700形(600形Ⅱ)にあわせ特急が最高100キロとなった。さらに1967年3月から特急の最高速度が京浜間105キロとなった。当時、関東で100キロを超える高速運転を行う料金不要の一般列車は国鉄にもなく京急特急と東武日光線快速だけであった。その105キロ時代が30年近く続いたが、1995年4月から快特(日中、夜間)が品川〜横浜間120キロに引き上げられ、快特(横浜以南)および特急(本線、久里浜線)が110キロとなった。一般列車での120キロ運転は関東では京急の快特と京成のアクセス特急だけである。

強力なライバル横須賀線

　このように京急は高速運転に力を入れているが、これは京急の歴史とかかわっている。品川〜神奈川間は京浜電気鉄道により1905年12月に開通し、平行する官鉄(後の国鉄)の蒸気列車がライバルだった。煙吐く汽車ポッポより煙がなく待たずに乗れる電車に乗客が集中したが、1915年5月、東京〜高島町(横浜)間に国鉄(当時は鉄道院)の京浜線電車(今の京浜東北線)が登場。私鉄の京浜電車は乗客が激減した。一方、湘南電気鉄道は1930年4月、黄金町〜浦賀、金沢八景〜湘南逗子(現・逗子・葉山)間が開通し名車デハ230形(当時は湘南デ1形)が登場した。ほぼ同時期に東急東横線、小田急小田原線・江ノ島線、東武日光線などが一挙に開通し、昭和初期の私鉄ブームの一環であった。ところが開通直前の同年3月に横須賀線が電車化された。1931年12月に横浜〜日ノ出町〜黄金町間が開通し、京浜・湘南両社はつながったが、国鉄(当時は鉄道省)という強力なライバルと戦う運命だった。といっても、戦前・戦中はスピードを競う時代ではなかった。国鉄横須賀線を意識しスピードを競うのは大東急時代を経て1948年に京浜急行電鉄が発足してからである。1950〜60年代は三浦半島方面や房総連絡の行楽特急に重点がおかれたが、沿線の人口増に対応して一般特急が増発され、今の快特につながっている。

新たな使命、羽田空港アクセス輸送

　京浜間および三浦半島への高速運転に加え、京急に新たな魅力が加わった。それは羽田空港へのアクセス(空港連絡)輸送である。1956年4月、当時の穴守線が延長され(旧)羽田空港駅が開設されたが、空港ターミナルへはバス連絡で空港勤務者や見学者のための駅で航空旅客の利用はほとんどなかった。当時の航空運賃は一般の所得水準に比べ著しく高く、利用層も限られていた。航空旅客が急増したのは国鉄との運賃格差が縮まった1970年代後半からである。

　それに伴い、羽田空港が沖合に拡張され、浜松町からの東京モノレールのほか京浜急行も空港輸送を担うことになった。1998年11月、空港線は空港ターミナル直下まで延長され、(新)羽田空港駅が開設され、都営線内から直通の「エアポート特急」、都営線、京成電鉄を経由し成田空港と結ぶ「エアポート快特」が登場した。

「ロングおじさん」吉村光夫氏

　ここで、京浜急行の大ファンとして知られた吉村光夫氏(1926〜2011)について触れたい。氏はTBSテレビのアナウンサーとして活躍され「ロングおじさん」(ロンちゃん)として親しまれ、一方では京急の大ファンであり、鉄道愛好者の団体「鉄道友の会」の幹事を務められた。鉄道趣味雑誌でも数々の記事を執筆されその「吉村節」ともいえるユーモアあふれる文体は多くのファンを魅了した。氏の持論は「旅はクロスシートに限る」で京急の700形(初代)や2000形、2100形はお気に入りだった。筆者は小学6年の1965年、京急日ノ出町まで週に数回出向いたが、有名な(初代)700形クロスシート車のほか、急行として運行される500形クロスシート車を見てそのクラシックな風格に魅了された。京急500形との出会いこそ筆者が鉄道趣味のドロ沼?にはまり込むきっかけになった。

　後年、大学鉄研の先輩でもある吉村氏と知遇を得て親しく話をさせていただいたが、京急談義になり「700形よりちょっと古いクロスシートの500形」に話が及んだ時、氏はニコニコされ「山田君、鉄道趣味の世界に君はよく入ってこれた。こんな楽しい趣味はほかにないよ。君は本当に幸せだ」といわれた。吉村氏からのあたたかい言葉が筆者の趣味活動、いや人生の支えになっている。本書によって京浜急行の魅力に触れていただければ幸いである。

2020年9月　山田 亮

吉村光夫氏製作の京浜デ51形

1章
カラーフィルムで
記録された京浜急行

大師線で最後の活躍をするデハ700形（II）。先頭はデハ736。700形（II）は2005年11月まで運行され、この日が一般営業の最終日である。写真左側後方に「産業道路」との平面交差があったが、2019年3月に地下化された。
◎産業道路（現・大師橋）〜小島新田　2005（平成17）年11月27日　撮影：山田 亮

八ツ山橋を渡り国道との踏切を通過する400形の460グループ（先頭はデハ465）4両の普通浦賀行。400形460グループは旧600形後期形が前身の3ドアロングシート車で1957年に登場。700形1とほぼ同様の全金属製車体で登場したが釣掛駆動である。この区間は国道上の併用軌道だったが1956年6月から専用軌道となった。
◎品川〜北品川　1974（昭和49）年7月　撮影：河野 豊（RGG）

逗子線を行く400形の全金属車。写真左は「池子の森」と呼ばれた米軍池子弾薬庫敷地で現在は米軍池子住宅になっている。写真左側に東急車両と国鉄（当時）逗子駅を結ぶ連絡線（1067㎜）が見える。
◎神武寺〜京浜逗子（現・逗子・葉山）　1980（昭和55）年12月30日　撮影：大道政之（RGG）

400形460グループ（先頭はデハ461）の空港線内折返し電車。1956（昭和31）年4月に穴守稲荷〜羽田空港（初代）間が延長された。空港ターミナルとはバス連絡だったが空港勤務者や見学者の輸送が主目的で航空旅客の利用はほとんどなかった。当時飛行機は高価な交通機関で、航空旅客は都心の航空会社営業所からの連絡バスまたタクシーの利用が一般的だった。
◎羽田空港（初代）　1983（昭和58）年9月21日　撮影：荻原二郎

600形Ⅱの快特京浜久里浜行（先頭はデハ621）。600形Ⅱは旧700形で1956年に京急初の高性能車として登場。2ドア、クロスシート車で特急を中心に運行され人気があった。1966年から4両固定編成化。1971年から車体更新、冷房化された。2000形登場に伴い1986年までに廃車された。◎上大岡〜屏風浦　1982（昭和57）年12月31日　撮影：森嶋孝司（RGG）

700形Ⅱの普通浦賀行（先頭はデハ705）。700形Ⅱは普通列車用で4ドアロングシート。18m車の4ドアは珍しい。この編成は第一次車で正面窓が小さく柔和な印象だが、1969年登場の第二次車からは正面窓が1000形Ⅰと同じサイズになり、第一次車の正面窓も更新時に二次車以降と同じ大きさになった。◎上大岡〜屏風浦　1985（昭和60）年7月21日　撮影：森嶋孝司（RGG）

700形Ⅱ4両の普通浦賀行。700形としては2代目で1967年に登場し1971年まで84両が製造。普通列車の乗降時間短縮のため18m車で4ドアとなった。中間にサハ770形をはさみ4両編成で主として普通列車で運行。1998年から廃車が始まり2005年11月に大師線で最終運行された。◎横須賀中央〜京浜安浦（現・県立大学）　1985（昭和60）年7月21日　撮影：森嶋孝司（RGG）

地上線時代の産業道路に到着するデハ700形。産業道路駅を含む東門前〜小島新田間は2019年3月に地下化され、地方道東京大師横浜線（産業道路）との平面交差が解消された。2020年3月14日に産業道路は大師橋と改称。
◎産業道路（現・大師橋）　2005（平成17）年11月27日　撮影：山田 亮

春爛漫の4月、桜に囲まれて走る700形IIの下り普通京急久里浜行。写真左
側の奥は桜道と呼ばれ、桜の名所である。700形は普通列車用だったが、
付随車（サハ770）が1000系の中間に組み込まれた編成も出現し、通勤
時には700形12両の快特も登場。700形IIの冷房化は1980年から始まり、
1988年までに全車が冷房化された。
◎杉田〜京急富岡　1994（平成6）年4月6日　撮影：森嶋孝司（RGG）

窓回りが白の登場時塗装で走る800形6両の普通列車。800形は正面2枚窓3両固定編成で登場したが、後に6両固定編成が登場し、3両編成も6両化された。この付近は森ヶ丘住宅地で上大岡〜屏風浦間のトンネル上から俯瞰して撮影。
◎上大岡〜屏風浦　1980（昭和55）年12月30日　撮影：大道政之（RGG）

800形6両の急行京浜逗子行。京浜逗子は1985年3月1日逗子海岸と統合して新逗子と改称、さらに2020年3月14日に逗子・葉山と改称された。登場時は従来の京急塗装「赤い電車に白い帯」と異なり、前面と側面の窓回りが白に塗装され斬新だった。この塗装は2100形、600形Ⅲ、1000形Ⅱに受け継がれている。
◎杉田～京浜富岡（現・京急富岡）
1982（昭和57）年12月31日
撮影：森嶋孝司（RGG）

デハ800形6両の普通浦賀行。先頭はトップナンバー801-1。800形は1978年12月27日に営業運転を開始。普通列車および京急川崎～新逗子（現・逗子・葉山）間の急行に使用されたが、空港線直通の特急、快特に使用されたこともある。一般営業運転最終日は2019年6月14日で、823-1の編成が使用された。
◎堀ノ内
1983（昭和58）年7月
撮影：山田 亮

800形6両の普通浦賀行。800形は普通列車用として1978年から86年までに132両製造。700系と同様4ドアだが全電動車（オールM）で固定窓（小窓を除く）となり、当初から冷房付きである。登場時は窓回りが白の斬新な塗装だったが、2000形登場に伴い1000形Ⅰと同様の赤を基調に白帯が入る塗装になった。
◎追浜～京浜田浦（現・京急田浦）
1983（昭和58）年5月15日
撮影：森嶋孝司（RGG）

泉岳寺からの地下線から急勾配を登り高架の品川駅に到着する1000形I（先頭はデハ1049）のH特急三浦海岸行。特急の種別表示板を前面に取り付けている。写真右に国鉄（現・JR）京浜東北線の103系が見える。1966年7月から1975年4月まで三浦海岸が南の終点だった。◎品川　1973（昭和48）年7月　撮影：荒川好夫（RGG）

京浜川崎を発車する1000形6両の特急押上行。1968年6月から京急と都営地下鉄浅草線（当時は都営1号線）の直通運転が始まり京急1000形が特急として乗り入れた（都営線内は各駅に停車）。都営線直通特急は運行番号末尾がHのためH特急と呼ばれた。右奥に京浜川崎で折り返す都営5000形が見える。
◎京浜川崎（現・京急川崎）～六郷土手　1975（昭和50）年6月21日　撮影：荒川好夫（RGG）

多摩川（六郷川）を渡る初代1000形（1000形I、先頭はデハ1313）。車内は空いていて普通列車と思われる。背後のアーチ橋は第一京浜国道（国道15号）の六郷橋。初代1000形は1959年から78年まで352両が製造され、初代800形4両も1000形Iに編入され356両を数え、1960～70年代の京急の代表車。
◎六郷土手～京浜川崎（現・京急川崎）　1976（昭和51）年5月22日　撮影：荒川好夫（RGG）

京浜東北線103系と並走する京急1000形（I）非冷房車の普通浦賀行。国鉄（鉄道省）は戦時中の1943年11月に工員輸送のため新子安駅を開設し、京浜の新子安は京浜新子安に改称された。JR線の背後に見える緑地の右側には日本鋼管（現・JFEスチール）、昭和電工の社宅があったが現在では高層マンションが建っている。
◎京浜新子安（現・京急新子安）〜子安　1982（昭和57）年11月6日　撮影：高木英二（RGG）

横浜を発車する快特京浜久里浜（現・京急久里浜）行（最後部はデハ1274）「快特」の種別表示板を付けている。京浜東北・根岸線ホームからの撮影だが現在でも位置関係は変わっていない。1000形の背後には根岸線の線路と東急東横線（当時は桜木町止まり）、現在は廃線の高架線が見える。◎横浜〜戸部　1976（昭和51）年5月22日　撮影：荒川好夫（RGG）

南太田を通過する1000形（Ⅰ）6両の都営地下鉄直通「H特急」京成高砂行。先頭はデハ1148。この編成は1976年に冷房改造され、屋根上の冷房機は分散式である。南太田に待避設備が設置される前の光景で、後に背後の丘陵が崩され、構内が拡張され待避線が設置されホームも延長された。◎南太田　1984（昭和59）年8月　撮影：山田 亮

非冷房1000形（I）4両の
普通浦賀行。（先頭はデハ
1065）1000形Iは昼間は4
両で普通列車に使用された。
後に冷房化され屋根上に分
散式冷房機が搭載された。
◎上大岡〜屏風浦
1981（昭和56）年1月4日
撮影：大道政之（RGG）

初代1000形（先頭車はデハ
1037）4両の普通浦賀行。冬の柔
らかい光線が側面からあたり、当時
の京急の代表車1000形を美しく
際立てている。この編成は非貫通、
正面2枚窓で登場したが、1970年
に貫通化改造され正面に貫通ドア
が設置。1982年12月に冷房化さ
れ、屋根上の冷房機が新しい。
◎杉田〜京浜富岡（現・京急富岡）
1982（昭和57）年12月31日
撮影：森嶋孝司（RGG）

1000形（I）後期形の快特京浜
久里浜（現・京急久里浜）行。終
点で先行する特急三崎口行に
接続した。1000形（I）は1959
〜68年に製造された前期形と
1971〜78年に製造された後期
形に分かれる。このデハ1369
の編成は1978年製造の1000形
（I）最終グループ。6両固定編成
の後部に2両編成を増結して8
両で運転。製造時から冷房付き。
製造時からの冷房車は集中式冷
房で冷房改造車は分散式のため
区別できる。
◎金沢八景
1984（昭和59）年8月
撮影：山田 亮

横須賀線との交差地点を行く京急1000形（I）。写真ではわかりにくいが横須賀線113系も写っている。国鉄（現・JR）田浦駅は写真右上奥のトンネルの先にある。背後の鉄筋の建物は海上自衛隊第二術科学校で海沿いに自衛隊の施設が並ぶ。その先は長浦港で写真上方の樹林は吾妻島である。
◎京浜田浦（現・京急田浦）～安針塚　1983（昭和58）年5月15日　撮影：森嶋孝司（RGG）

1000形（I）の地下鉄直通特急京成高砂行。先頭のデハ1012はデハ1000形量産車第一陣として1959年に製造され、700形I（後の600形）と同様の正面2枚大窓だったが、1970年に地下鉄乗り入れのため前面を貫通化改造。前面のイルカを描いたマリンパーク号のマークは、京急油壺マリンパーク「イルカショー」開催時間にあわせた時間帯の定期特急に取り付けられた。
◎京浜安浦（現・県立大学）〜横須賀中央　1985（昭和60）年5月4日　撮影：森嶋孝司（RGG）

風薫る5月を行く1000形（I）8両編成の快特。このデハ1259の編成は1971年製造の1000形I後期形最初のグループで、冷房付き8両固定編成で登場。600形（II）も1971〜72年に車体更新および冷房化され快速特急、特急の冷房化が促進された。1999年7月ダイヤ改正時から「快特」が正式名称となり、基本列車種別は「快特」と「普通」の2種となった。
◎横須賀中央〜京浜安浦（現・県立大学）　1985（昭和60）年5月4日　撮影：森嶋孝二（RGG）

久里浜線は1966年7月7日に三浦海岸まで開通し、1975年4月26日に三崎口まで開通した。開通直後の延伸区間を行く1000形（I）6両の特急三崎口行で「特急」の種別表示板が付いている。写真後方に三浦海岸駅、写真右奥の海岸線の先には東京電力横須賀火力発電所の煙突が見える。◎三浦海岸～三崎口　1975（昭和50）年6月21日
撮影：荒川好夫（RGG）

1998年11月18日、空港線天空橋（旧・羽田）〜羽田空港（2代目）間が延伸され空港ターミナル直下に乗り入れた。これにより1993年9月から続いた羽田（現・天空橋）での東京モノレール乗り換えが解消された。写真は1000形（I）8両編成による京急蒲田〜羽田空港（現・羽田空港第1・第2ターミナル）間の線内列車。
◎京急蒲田〜糀谷　1998（平成10）年11月18日　撮影：宮崎真二（RGG）

大師線を走る1000形（I）の4両編成。このデハ1320の編成は、1974年12月からの特急12両運転に備え増結用4両編成として製造。1995年4月の快特120キロ運転開始時からは1000形（I）は快特（120キロ運転）の運用から外れたが、ラッシュ時運用の快特、特急や昼間の本線普通に活躍。2010年6月28日が1000形（I）の一般営業最終日で、大師線をデハ1305編成が走った。
◎産業道路（現・大師橋）〜小島新田　2005（平成17）年11月27日　撮影：山田 亮

桜並木に囲まれて走る1500形。1500形は1988年以降の増備車からはアルミ車体になり、側面も戸袋窓がなくなった。写真右は
1980年代から京急不動産によって開発された京急ニュータウン富岡西で落ち着いた戸建て住宅が続いている。
◎杉田～京急富岡　1994（平成6）年4月6日　撮影：森嶋孝司（RGG）

1500形4両の普通浦賀行。1500形は1000形Iの後継車として1985年に登場した3ドアロング
シート車で都営線への直通運転が可能である。ドアも2000形に続いて両開きとなった。写真の車
両は1500形の第一次車（5編成20両）で車体は鋼製で戸袋窓があるが、後の更新工事で戸袋窓は
埋められた。
◎京浜大津（現・京急大津）～馬堀海岸　1985（昭和60）年7月21日　撮影：森嶋孝司（RGG）

京浜急行電鉄創立90周年を記念して1988年春に先頭車2011の編成を塗装変更した「さわやかギャラリー号」が登場した。イラスト電車で前面に「90」の文字が入り、側面に太陽や月などをイメージしたイラストが描かれている。先頭車2041の編成も「ファンタジックトレインみらい号」となった。2本とも1991年に元の塗装に戻っている。
◎北品川～新馬場　1988 (昭和63) 年8月26日　撮影：高木英二 (RGG)

横浜市内の高架線を行く快特京急久里浜行。先頭の4両は2000形の4両編成。4両編成は朝夕の通勤快特 (1999年から快特に統合)、快特12両運転のための増結用。4両2編成併結の8両で昼間の快特にも使用。後継の2100形は8両編成だけで、朝夕の快特は600形Ⅲ4両を増結し12両編成としている。◎日ノ出町～黄金町　1994 (平成6) 年4月6日　撮影：森嶋孝司 (RGG)

桜咲く大岡川に沿って黄金町〜南太田間の高架線を走る2000形快特。日ノ出町から黄金町を経て南太田付近までは大正時代に
鉄道省が計画した京浜線電車の桜木町〜蒔田（南太田付近）〜保土ヶ谷間延長線の予定地だったが関東大震災（1923年9月）の
ため中止。湘南電気鉄道が鉄道省から用地を取得して高架線が建設された。
◎黄金町〜南太田　1994（平成6）年4月6日　撮影：森嶋孝司（RGG）

上大岡に到着する2000形の快特三浦海岸行。先頭はデハ2011で1982年12月に登場の2000形最初の編成。快特は1968年6月の運転開始時は品川～三浦海岸間で、地下鉄直通特急が押上～京浜久里浜（現・京急久里浜）間であった。同年11月からは快特が久里浜発着、特急が三浦海岸（1975年4月からは三崎口）発着となった。海水浴シーズンのため快特が三浦海岸まで延長されている。◎上大岡　1984（昭和59）年8月　撮影：山田 亮

2000形による快特三浦海岸行。2000形は600形Ⅱ（旧700形）の置き換えとして1982年12月27日に登場。主として快特に使用され京浜急行の新しいイメージリーダーとしての地位を築いた。2ドアだが京急初の両開きドアで、車内は「集団見合い型」2人掛け固定クロスシート。1987年までに8両編成6本、4両編成6本の72両が製造された。
◎上大岡～屏風浦　1985（昭和60）年7月21日　撮影：森嶋孝司（RGG）

登場直後の2000形快速特急。2000形は新たな京急の顔として1982年12月27日、最初の2011編成が運転開始された。1984年から87年まで増備され総数72両。1986年4月改正から日中の快速特急はほぼ2000形で運行された。1998年3月に後継の2100形が登場し、2000年までに3ドア、ロングシート化(車端部を除く)された。
◎杉田〜京浜富岡(現・京急富岡)　1982(昭和57)年12月31日　撮影:森嶋孝司(RGG)

2000形は2100形登場に伴い、1998〜2000年に3ドアロングシート化された。塗装も一般車と同様になったが、前面形状は変わらず、車端部の向い合せクロスシートが残り、窓の横引きカーテンもそのままで特急車の面影を残していた。この2451編成など4両固定編成は普通列車のほか、金沢文庫〜京急川崎間を快特に併結する羽田空港アクセス列車にも使用された。
◎追浜〜京急田浦　2014 (平成26) 年9月23日　撮影：小林大樹 (RGG)

3ドアロングシート化された2000形は地下鉄乗り入れができないため運用に制約があった。特に8両固定編成はラッシュ時中心の運用だったが、2010年5月から羽田空港〜新逗子（現・逗子・葉山）間に登場した「エアポート急行」に主として使用された。このデハ2011の編成は2013年1月から特急時代の塗装に戻り、一般営業最終日の2018年3月28日に快特品川発京急久里浜行で最後を飾った。◎仲木戸（現・京急東神奈川）2013（平成25）年4月10日　撮影：小林大樹（RGG）

1994年登場の3代目600形（600形Ⅲ）による快特京急久里浜行。先頭はデハ602-1。1994、95年に登場したグループは前面ワイパーカバー（運転台窓下の部分）が黒系統（イロンデルグレー）に塗られていたが、後に白系統（アイボリー）に変更された。当初はクロスシートだったが、現在は車端部を除きロングシート化。
◎北品川〜新馬場　1994（平成6）年5月10日　撮影：森嶋孝司（RGG）

1994年登場の3代目600形（600形Ⅲ）による特急堀ノ内行。久里浜線は京急久里浜～YRP野比間と三浦海岸～三崎口間が現在でも単線である。600形Ⅲの登場時は運転台窓下が黒系統に塗られていた。後に車端部を除きロングシート化されたが運転台直後はクロスシートが残り、展望席として人気がある。◎三崎口～三浦海岸　1994（平成6）年5月7日　撮影：森嶋孝司（RGG）

泉岳寺方面から品川駅へ到着する都営地下鉄5000形6両の急行京浜川崎（現・京急川崎）行5000形は1960年12月、都営地下鉄1号線（現・浅草線）押上〜浅草橋間開通時に登場し、同時に京成電鉄に乗入れわが国初の相互直通運転となった。地下鉄初の架線集電でパンタグラフを装備。152両製造され、1995年に引退。◎品川　1973（昭和48）年7月　撮影：荒川好夫（RGG）

都営地下鉄5000系による急行逗子海岸（現・逗子・葉山）行。新逗子へ改称される前で行先表示は逗子になっている。都営線からの直通急行はT急行と呼ばれる。1968年の都営地下鉄との直通開始時において都営車両は京成電鉄の東中山〜京浜川崎（現・京急川崎）間の急行だったが、乗り入れ範囲は徐々に拡大し、1981年から逗子海岸まで乗り入れた。都営5000系は冷房がなく夏は不評だった。◎上大岡　1984（昭和59）年8月　撮影：山田 亮

都営5000形（先頭は5037）による急行新逗子（現・逗子・葉山）行。都営5000形は1960年の都営地下鉄開通時に登場し、1968年6月の京急、都営地下鉄直通開始時から京浜川崎（現・京急川崎）まで乗り入れた。その後、逗子線直通急行にも使用されたが高速性能が京急車と比べやや劣った。先頭の2両は車体更新にあわせて行われた塗装変更車。
◎上大岡〜屏風浦　1985（昭和60）年4月21日（RGG）

高架線を行く都営5200系の急行。5200形は5000形のモデルチェンジで1976年に登場。性能は5000系と同じだが6両固定編成でセミステンレス車体。2編成12両製造された少数派だが、後に1編成8両だけになった。2006年に引退。
◎北品川〜新馬場　1994（平成6）年5月10日　撮影：森嶋孝司（RGG）

空港線空港ターミナル乗り入れで羽田空港〜成田空港間を最短1時間42分で結ぶエアポート快特が4往復登場した。開通初日で直通を祝うステッカーが貼られている。車両は京急が600形（Ⅲ）、京成が3700形である。写真は京成から乗り入れた3700形（先頭はモハ3788）◎京急蒲田〜糀谷　1998（平成10）年11月18日　撮影：宮崎真二（RGG）

空港線には京成車、都営車のほか北総（北総開発鉄道、2004年から北総鉄道）車両も入線した。北総7000形の特急羽田空港行（先頭は7002）。北総7000形は同鉄道開通時の1979年に登場し、Σ（シグマ）形といわれる前面が特徴。3編成24両が製造されたが2007年に引退。◎京急蒲田〜糀谷　1998（平成10）年11月18日　撮影：宮崎真二（RGG）

京急線内を行く北総7050形8両の特急（先頭は7074）。もと京成3150形で1998年に北総開発鉄道にリース（賃貸）されたが、外観は京成時代の赤帯を青帯に変えただけだった。京成に返却後2001年に廃車。
◎鮫洲〜立会川　1998（平成10）年11月25日　撮影：宮崎真二（RGG）

住宅都市整備公団9000形の特急（先頭は9018）。1984年の小室〜千葉ニュータウン中央間開通時に2000形として2編成12両が登場し、後に8両化され16両となる。運転や整備を北総開発鉄道に委託することから北総7000形と機器、性能はほぼ同じである。2004年に千葉ニュータウン鉄道に譲渡され2017年に引退。
◎北品川〜新馬場　1998（平成10）年11月25日　撮影：宮崎真二（RGG）

銀色に青帯を巻いた北総開発鉄道（現・北総鉄道）7150形の急行新逗子（現・逗子・葉山）行。北総7150形はもと京急1000形で1991年に16両（8両1編成と4両2編成）が北総開発鉄道に譲渡された。京急線直通にも使用され「銀色の1000形」として京急線内でも注目された。1998年までに廃車。
◎杉田〜京急富岡　1994（平成6）年4月6日　撮影：森嶋孝司（RGG）

京浜急行の
沿線案内図
（所蔵：生田 誠）

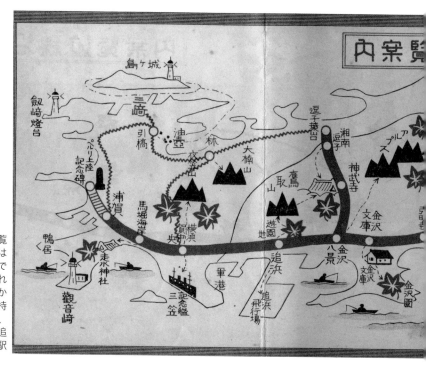

京浜湘南電鉄沿線遊覧案内
【昭和戦前期】

昭和戦前期の「京浜湘南電鉄沿線遊覧案内」で、この当時の東京側の始発駅は高輪駅、湘南電鉄線の終着駅は浦賀である。沿線には赤い木の葉の印で示された紅葉の名所が点在している。東京側からは池上本門寺、神奈川県に入ると總持寺・花月園、野毛山公園、湘南アルプス、金沢園などがある。戦前の地図らしく、追浜駅付近には追浜飛行場、横須賀中央駅付近には記念艦三笠が描かれている。

湘南電気鉄道路線図
【昭和戦前期（1930年頃）】

三浦半島部分が大きく描かれた、昭和戦前期の「湘南電気鉄道路線図」である。1930（昭和5）年4月、湘南電気鉄道が開通した際の起終点駅は黄金町駅で、日ノ出町駅方面への路線は点線となっている。黄金町〜日ノ出町間が開通するのは1931（昭和6）年12月である。この当時、横浜駅と黄金町駅の間は、連絡自動車（バス）で結ばれていた。横須賀中央駅を挟んで、西側は横須賀軍港（現・汐入）駅、東側はヨコスカ公郷（現・県立大学）駅となっている。

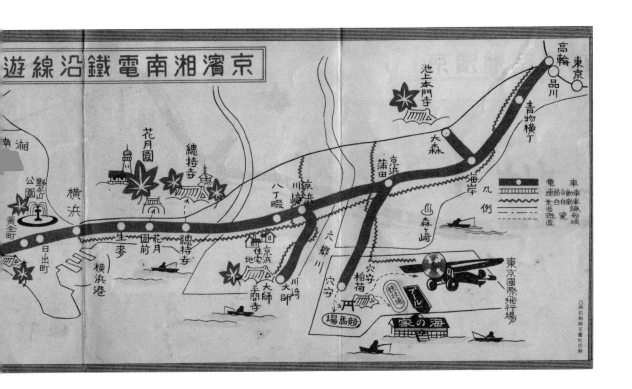

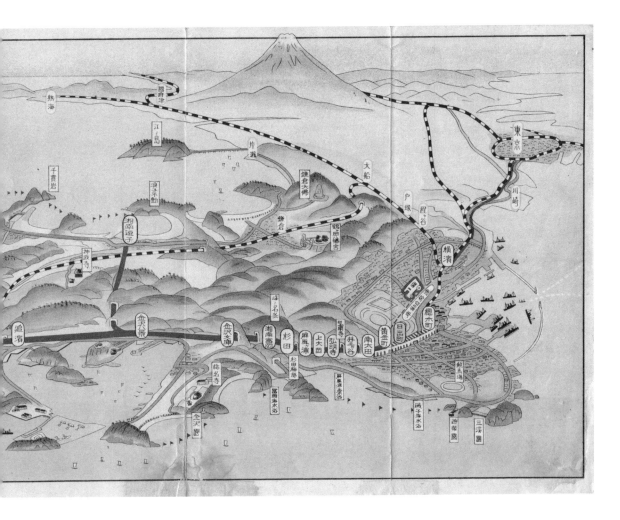

京浜・湘南電鉄沿線案内【昭和戦前期 (1940年頃)】

軍関係の施設が数多く存在していた時期 (1940年頃) の「京浜・湘南電鉄沿線案内」で、「護れ要塞、防げよスパイ」という時局を表わす標語が書かれている。一般的な沿線案内図よりも漫画風の人物が多く描かれているのが特徴で、温泉 (鉱泉) に入ったり、釣りや潮干狩りなどを楽しんだりしている人々とともに、遊覧飛行の機上の人や海外旅行に行く人、埠頭で見送る人の姿も見られる。地図の左側に要塞地帯区域線が引かれているのが興味深い。

2章
モノクロームで
記録された京浜急行

1968年6月21日に品川〜泉岳寺間の地下線が開通し、泉岳寺で都営地下鉄1号線（現・都営浅草線）との相互乗れ運転が開始された。写真は開通式が行われた前日6月20日から運転された祝賀電車。引き上げ線にデハ400形が停車中。背後に国鉄（現・JR）山手線が走り、品川車両基地（田町電車区）が見えるが、この光景も現在では一変している。
◎品川〜泉岳寺　1968（昭和43）年6月20日　撮影：吉村光夫

泉岳寺

【所在地】東京都港区高輪2−16−34　【開業】1968（昭和43）年6月21日　【キロ程】1.2Km（品川起点）　【ホーム】2面4線（地下駅）
【乗降人員】202,800人（2018年）

国鉄（現・JR）との共同使用駅となっている品川駅では、国鉄コンコースとの間に中間改札が設置されていた。都営地下鉄1号線（現・浅草線）との相互直通運転が開始されると、1～3番があるホームのうち、2番線が都営地下鉄線と結ばれた泉岳寺方面への上り線に使用されるようになっている。
◎品川　1968（昭和43）年6月21日
撮影：荻原二郎

1968（昭和43）年6月に品川～泉岳寺間が開通し、品川駅構内の掲示板には、都営地下鉄1号線（現・浅草線）を利用した、「都心乗入れ、直通運転開始」の実現を告げるお知らせが貼られていた。右下には、三浦海岸方面に向かう快速特急の運転を行うという案内も見える。
◎品川　1968（昭和43）年6月21日
撮影：荻原二郎

Shinagawa
品川

【所在地】東京都港区高輪3―26―26　【開業】1925（大正14）年3月11日　【キロ程】0.0km（品川起点）　【ホーム】2面3線（高架）
【乗降人員】285,582人（2019年）

積年の悲願だった都心乗り入れを実現した京浜急行。京急の電車は新橋、東銀座、江戸橋（現・日本橋）を経由して京成電鉄の押上まで走るようになった。◎品川　1968（昭和43）年6月21日　　撮影：荻原二郎

高輪口から眺めた昭和40年代の品川駅。当駅がほぼ現在の場所に開業したのは1933（昭和8）年。六郷橋から路線を延ばした京浜電気鉄道が、1904（明治37）年5月に、最初は八ツ山付近に駅を置いたのち、1925（大正14）年3月に現在のウィング高輪の位置に高輪停留場を開業したのがルーツである。◎品川　1970（昭和45）年　　撮影：山田虎雄

品川駅前の旧京浜急行の本社は1922年旧毛利公爵邸跡地に建てられた。鉄筋コンクリートの堂々たる建物であり、この裏手から電車が発着していた。1968年から都営地下鉄、京成電鉄との相互乗り入れ運転を開始した（後に北総鉄道、芝山鉄道が加わる）ことにより、ターミナル駅であるとともに中間駅の性格も有する。
◎品川　昭和40年代前半

品川で発車を待つデハ300形の急行上大岡行。遠足と思われる中学生の団体が乗り込んでいる。先頭のデハ313は戦時中の1943年登場で大東急時代はデハ5300形。京急発足時にデハ300形となり、後にデハ400形400グループとなった。
◎品川　1954（昭和29）年10月　撮影：吉村光夫

京浜急行と都営地下鉄の直通運転初日、品川から地下線へ向かう1000形（Ⅰ）の押上行。当初直通運転されたのは特急（京急車）と急行（都営車）で都営線内は各駅停車。写真の押上行は京急線内が特急だが都営線内では「特急」は消されている。
◎品川〜泉岳寺　1968（昭和43）年6月21日　撮影：荻原二郎

1970年のゴールデンウィークから運転された京成3000系の京成成田発三浦海岸行「城ヶ島マリンパーク号」。京成線内は特急、都営線内は各停、京急線内は快特であった。それと対になる三浦海岸発京成成田行は「成田山号」を名乗った。春秋の行楽シーズンと1月に運転されたが、1976年1月を最後に廃止された。◎品川 1970（昭和45）年5月3日 撮影：吉村光夫

夏の海水浴シーズン、品川に到着する地下鉄直通H特急押上行。1000形（I）で先頭はデハ1184。夏の暑い時期であるが、窓は地下鉄乗入れのため開口部が小さく、大きな窓から涼しい風を入れることはできなかった。2番線ホーム上には当時立ち食いうどん・そばスタンドがあった。◎品川 1970（昭和45）年8月7日 撮影：荻原二郎

品川〜北品川間の国道15号上の路面区間（併用軌道）を走るデハ601-クハ651の2両編成。デハ600形（Ⅰ）は1953年に登場し、デハ500形を3ドア、ロングシート化した形態。この区間は1956年6月に、現在の専用軌道に切り替えられた。
◎品川〜北品川　1953（昭和28）年9月　撮影：吉村光夫

品川を出発して八ツ山橋を渡ると北品川まで国道15号上を併用軌道で路面上を走っていた。1956（昭和31）年6月に専用軌道に切り替えられ、北品川のホームも移動した。写真は路面上を走るデハ230ークハ140ーデハ230の3両編成。前面窓が開かれ乗務員が行先札を取り付けている。中間のクハ140形は1924年製造の京浜デ51形。
◎品川～北品川　1956（昭和31）年4月15日　撮影：荻原二郎

品川を出発して国鉄線上を八ツ山橋で越え、急カーブで曲がり国道15号の路面区間にさしかかるデハ230形の逗子海岸行特急。海水浴客と思われるサングラスをかけた女性が最前部のシートに座り窓を開け前方を見ている。230形は運転席の反対側は最前部まで座席があり、今風にいえば「鉄ちゃんシート」で人気があった。
◎品川〜北品川 1954（昭和29）年7月 撮影：吉村光夫

北品川

【所在地】東京都品川区北品川１－１－４　【開業】1904（明治37）年５月８日　【キロ程】0.7km（品川起点）　【ホーム】２面２線
【乗降人員】9,538人（2019年）

北品川に到着する1000形（Ⅰ）４両の普通。1000形（Ⅰ）は都心乗り入れに備え1959年末から1960年にかけて第一陣が登場した高性能車。登場時は前面が正面２枚窓のいわゆる湘南スタイル。北品川は1956年６月の専用軌道化されホームが曲線上に移動。泉岳寺～品川～新馬場間は連続立体化が着手されていて2029年度完成予定。◎北品川　1970（昭和45）年２月６日　撮影：荻原二郎

京浜電気鉄道時代の1904（明治37）年５月、初代の品川駅として開業したのが現在の北品川駅。当時は八ツ山鉄橋際にあり、八ツ山停留場とも呼ばれ、東京市電と接続していた。1924（大正13）年４月に駅舎は移転し、1982（昭和57）年にホームが延伸されている。◎北品川　1974（昭和49）年　撮影：山田虎雄

Shimbamba
新馬場

【所在地】東京都品川区北品川２−18−１　【開業】1904（明治37）年５月８日　【キロ程】1.4㎞（品川起点）　【ホーム】２面２線（高架）
【乗降人員】16,979人（2019年）

新馬場駅は1975（昭和50）年８月、地上駅時代の北馬場駅と南馬場駅が統合されたことで、中間付近に置かれた駅が「北馬場・南馬場」を名乗った。その後、1976（昭和51）年10月にこの駅を含む区間が高架化され、新馬場駅となった。これは南馬場駅時代の風景である。◎南馬場（現・新馬場）　1964（昭和39）年６月26日　撮影：荻原二郎

現在の新馬場駅に統合される前、地上駅だった頃の北馬場駅の姿である。駅名になっている「馬場」とは、江戸時代に東海道の品川宿の馬場地があったことによる。駅の南側には目黒川が流れ、荏原神社が鎮座していたが、現在は目黒川の下を首都高速中央環状線が通っている。
◎北馬場（現・新馬場）
1965（昭和40）年

Aomono-yokochō
青物横丁

【所在地】東京都品川区南品川３－１－20　【開業】1904（明治37）年５月８日　【キロ程】2.2km（品川起点）　【ホーム】２面２線（高架）
【乗降人員】43,796人（2019年）

青物横丁を発車するデハ600形（I）の急行浦賀行。最後部の2両は1957年登場のクハ650形(クハ662)とデハ600形（デハ612）。デハ700形（I）と同じ全金属製車体で旧デハ600形後期形と呼ばれるが性能的には旧型車。後に400形460グループとなった。青物横丁〜立会川間は1989〜90年に高架化。◎青物横丁　1964（昭和39）年6月26日　撮影：荻原二郎

相対式ホーム2面2線の地上駅だった頃の青物横丁駅。駅周辺には都立八潮高校、町田学園（現・品川エトワール女子高校）などがあり、通学の生徒らが利用していた。1904（明治37）年5月の開業当時は「青物横町」を名乗っており、江戸時代に農民が持ち寄った青物の市場に由来している。◎青物横丁　1964（昭和39）年6月26日　撮影：荻原二郎

Samezu
鮫洲

【所在地】東京都品川区東大井1－2－20　【開業】1904（明治37）年5月8日　【キロ程】2.7km（品川起点）　【ホーム】1面2線（高架）
【乗降人員】11,313人（2019年）

鮫洲運転免許試験場の最寄り駅として有名な鮫洲駅。駅前には鮫洲八幡神社が鎮座している。駅の開業は1904（明治37）年5月で、1944（昭和19）年5月に現在地に移転。隣の青物横丁駅との距離はわずか0.5キロとなった。これは地上駅時代の駅舎である。
◎鮫洲　1964（昭和39）年6月26日　撮影：荻原二郎

鮫洲駅で、デハ230形普通羽田空港行を追い抜く1000形（Ⅰ）の特急三浦海岸行。鮫洲には1966年6月から待避線が設けられ、中2線が通過線となった。1966年7月から品川～羽田空港間の普通が登場したが、とくにPRされることもなく、1968年6月に廃止された。青物横丁～鮫洲～立会川間は1989～90年に高架化。◎鮫洲　1966（昭和41）年7月　撮影：吉村光夫

Tachiaigawa

立会川

【所在地】東京都品川区東大井２－23－１　【開業】1904（明治37）年５月８日　【キロ程】3.5km（品川起点）　【ホーム】2面2線（高架）
【乗降人員】19,337人（2019年）

駅前を流れる立会川が駅名になっている。開業は1904（明治37）年5月で、平成に入って駅は高架化され、駅舎も新しくなった。江戸時代、このあたりには土佐藩の屋敷があり、海の警護のために坂本龍馬が訪れていたことから、駅付近には龍馬の銅像が建てられている。
◎立会川
1970（昭和45）年
撮影：山田虎雄

立会川〜大森海岸間の鈴ヶ森付近で、国道15号（第1京浜）と交差する高架橋を行くデハ500形の特急浦賀行。鈴ヶ森付近〜大森海岸〜平和島間は1970年に連続高架化され、この立体交差橋も改修された。国道を行く自動車もオート三輪トラックなど昭和30年代の光景である。
◎立会川〜大森海岸　1958年（昭和33）年3月　撮影：吉村光夫

大森海岸

Ōmorikaigan

【所在地】東京都品川区南大井３−32−１　【開業】1901（明治34）年２月１日　【キロ程】4.8㎞（品川起点）　【ホーム】２面２線（高架）
【乗降人員】16,501人（2019年）

1901（明治34）年２月、京浜電気鉄道の大森停車場前〜六郷橋間の開通時に八幡駅として開業。1904（明治37）年５月、品川
（現・北品川）駅まで延伸した際に海岸駅と改称し、海岸〜大森停車場前間は支線となった。1933（昭和８）年７月、大森海岸駅に
改称している。◎大森海岸　1965（昭和40）年12月29日　撮影：荻原二郎

1970（昭和45）年12月の完成を目指して、大森海岸駅では高架化の工事が進められていた中、右下の地上ホームには普通列車が
見える。この後、駅周辺は変貌を遂げることになり、1983（昭和58）年にしながわ区民公園が開園し、1991（平成３）年にしながわ
水族館が開館する。◎大森海岸　1970（昭和45）年　撮影：山田虎雄

平和島

【所在地】東京都大田区大森北6−13−11　【開業】1901（明治34）年2月1日　【キロ程】5.7km（品川起点）　【ホーム】2面4線（高架）
【乗降人員】48,639人（2019年）

太平洋戦争中に連合国側の保領を収容する東京俘慮収容所が置かれていた、東京湾の京浜第二区埋立地は、戦後に「平和島」と呼ばれるようになり、1967（昭和42）年に大田区に編入された。この平和島駅は、それより早く1961（昭和36）年9月に平和島駅と改称している。
◎平和島
1965（昭和40）年12月29日
撮影：荻原二郎

高架化工事中の平和島駅で特急を待避する都営5000系の京浜川崎（現・京急川崎）行。1968年6月時点における京浜間の特急停車駅は、青物横丁・平和島・京浜蒲田・京浜川崎・神奈川新町だった。平和島駅の高架化は1970年である。
◎平和島
1969（昭和44）年
撮影：山田虎雄

平和島と改称される2日前の学校裏駅。当駅は1901（明治34）年2月に沢田駅として開業。その後に学校裏駅に改称していた。現在、駅の東側には平和の森公園、平和島公園があり、平和島競艇場も存在している。
◎学校裏（現・平和島）
1961（昭和36）年8月30日
撮影：荻原二郎

Ōmorimachi
大森町

【所在地】東京都大田区大森西3－24－7　【開業】1952（昭和27）年12月15日　【キロ程】6.5km（品川起点）　【ホーム】2面2線（高架）
【乗降人員】22,573人（2019年）

大森付近の京急の駅は、駅名改称を重ねてきたところが多い。大森町駅も1901（明治34）年2月の開業時の駅名は「山谷」で、その後に「大森山谷」に駅名を改称した。この駅は休止・廃止された期間を経て、戦後の1952（昭和27）年12月に大森町駅として再開している。◎大森町　1965（昭和40）年12月29日　撮影：荻原二郎

快特羽田空港行と品川行普通電車のすれ違い。いずれも1000形（Ⅰ）である。1998年11月から成田空港〜羽田空港間で運転開始したエアポート快特は京急の車両が600形（Ⅲ）、京成が3400形、3500形と3700系のため、1000形（Ⅰ）の快特羽田空港行は珍しい。
◎大森町　1985（昭和60）年

梅屋敷

【所在地】東京都大田区蒲田２−28−１　【開業】1901（明治34）年２月１日　【キロ程】7.2km（品川起点）　【ホーム】２面２線（高架）
【乗降人員】16,504人（2019年）

「梅に名をえし大森を‥」という鉄道唱歌に歌われた花の名所、梅屋敷があったことが駅名の由来である。開業は1901（明治34）年２月、当初は道路上の停留場であった。現在、駅の南側（蒲田３丁目）の第一京浜沿いに大田区が聖蹟蒲田梅屋敷公園を開園している。
◎梅屋敷
1967（昭和42）年６月25日
撮影：荻原二郎

梅屋敷駅の下りホームを三崎口行きの特急列車が通過しようとしている。この駅は2010（平成22）年５月に上り線ホーム、2012（平成24）年10月に下り線ホームが高架化され、こうした踏切は姿を消すことになる。現在は、相対式ホーム２面２線の高架駅となっている。◎梅屋敷

Keikyū Kamata

京急蒲田

【所在地】東京都大田区蒲田４−50−10　【開業】1901（明治34）年２月１日　【キロ程】8.0㎞（品川起点）　【ホーム】２面６線（高架）
【乗降人員】64,280人（2018年）

現在の京急蒲田駅は1901（明治34）年２月、蒲田駅として開業。1925（大正14）年11月に京浜蒲田駅に変わり、1987（昭和62）年６月に現駅名の「京急蒲田」に改称した。駅の所在地は蒲田４丁目で、西側のJR蒲田駅、東急の蒲田駅とは約500メートル離れている。◎京浜蒲田（現・京急蒲田）　1965（昭和40）年２月21日　撮影：荻原二郎

地上駅時代のホーム風景で、ホームに向かう半袖シャツの会社員の姿が見える。蒲田はテレビドラマなどにも登場する、東京を代表するモノづくりの街で、駅の南側には大田区産業プラザが存在する。その場所にはかつて、青果を扱う東京都中央卸売市場の荏原市場蒲田分場があった。◎京浜蒲田（現・京急蒲田）　1963（昭和38）年　撮影：矢崎康雄

デハ500形の急行品川行。クハ557-デハ507の2両。1951（昭和26）年に登場したデハ500形は当初デハ500形のMM編成だったが、翌年クハ550形が同数登場し、デハ500−クハ550の2両固定MT編成となった。写真右「アルプスドライブ倶楽部」の広告に注目。会員制で乗用車を共同で使うシステムでレンタカーの原形ともいえる。
◎京浜蒲田　1957（昭和32）年4月19日　撮影：荻原二郎

京急本線の主要駅のひとつで、羽田空港（東京国際空港）へ向かう空港線との分岐点となっている京浜蒲田（現・京急蒲田）駅。現在は高架駅に変わっており、島式ホーム2面6線を有する巨大な駅となっている。これは地上駅時代のホームの姿で、ホームの間は跨線橋が結んでいた。◎京浜蒲田（現・京急蒲田）　1966（昭和41）年7月　撮影：吉村光夫

京急空港線、デハ230形の3両編成の列車が、第一京浜（国道15号）を越える急カーブに差しかかっている。手前右側に見えるのは、かつての上り線と下り線の間にあった線路の跡である。その横（左）には、大磯ロングビーチのプールを宣伝する広告看板がある。
◎京浜蒲田（京急蒲田）　1966（昭和41）年7月　撮影：吉村光夫

糬谷、大鳥居、穴守稲荷

Kōjiya　Ōtorii　Anamori-inari

糬谷　【所在地】東京都大田区西糬谷4-13-19　【開業】1902（明治35）年6月28日　【キロ程】0.9km（京急蒲田起点）　【ホーム】2面2線
【乗降人員】28,843人（2019年）

大鳥居　【所在地】東京都大田区西糬谷3-37-18　【開業】1902（明治35）年6月28日　【キロ程】1.9km（京急蒲田起点）　【ホーム】2面2線（地下駅）
【乗降人員】28,927人（2019年）

穴守稲荷　【所在地】東京都大田区羽田4-6-11　【開業】1902（明治35）年6月28日　【キロ程】2.6km（京急蒲田起点）　【ホーム】2面2線
【乗降人員】19,922人（2019年）

糬谷駅は1902（明治35）年6月に穴守線の駅として開業。現在は空港線の駅となっている。駅名の由来は江戸時代、このあたりが麹屋村と呼ばれ、農作業のかたわら麹（こうじ）を造る人々がいたからとされている。平成に入って駅舎を改築、現在は相対式ホーム2面2線の高架駅となっている。
◎糬谷　昭和50年頃
撮影：山田虎雄

穴守線の線名の由来となった、穴守稲荷神社の大鳥居が付近に存在したことが駅名の由来であり。駅の開業は1902（明治35）年6月。1985（昭和60）年から始まった、東京都環状八号線整備事業に伴い、この駅は地下化された。現在は、相対式ホーム2面2線をもつ地下駅となっている。◎大鳥居　1968（昭和43）年6月23日　撮影：荻原二郎

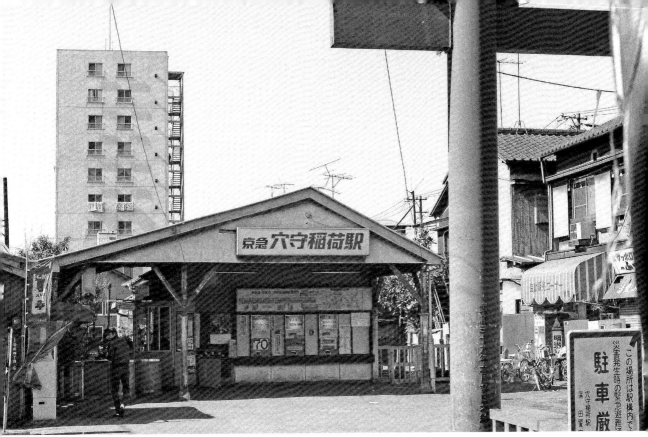

京急空港線のルーツは、1902（明治35）年6月に開業した穴守線で、羽田海岸に鎮座する穴守稲荷神社の参詣客や、羽田運動場・海水浴場に向かう観光客を運ぶ観光路線だった。1914（大正3）年1月に開業した羽田駅が後に稲荷橋駅となり、1956（昭和31）年4月に穴守稲荷駅となった。◎穴守稲荷　1979（昭和54）年　撮影：山田虎雄

空港線を走る400形3両の京浜蒲田（現・京急蒲田）〜羽田空港（現・天空橋）間折返し電車。先頭のデハ400形400グループのデハ411。大東急時代にデハ5300形として登場し、京急の発足時にデハ300形となり、後にデハ400形400グループとなった。空港線は1993年4月に羽田（現・天空橋）まで延長されたが、それ以前は航空機乗客の利用はほとんどなかった。
◎穴守稲荷　1979（昭和54）年　撮影：山田虎雄

天空橋、羽田空港第3ターミナル、

天空橋　【所在地】東京都大田区羽田空港１−１−２　【開業】1993（平成５）年４月１日　【キロ程】3.3km（京急蒲田起点）　【ホーム】２面２線（地下駅）
【乗降人員】18,426人（2015年）

羽田空港第３ターミナル　【所在地】東京都大田区羽田空港２−６−５　【開業】2010（平成22）年10月21日　【キロ程】4.5km（京急蒲田起点）
【ホーム】２面２線（地下駅）　【乗降人員】29,698人（2019年）

穴守線は1945（昭和20）年９月から、稲荷橋〜穴守間が休止していた。1956（昭和31）年４月、稲荷橋（現・穴守稲荷）〜羽田空港（初代）間が延伸（復活）し、羽田空港（初代）駅が開業した。この羽田空港（初代）駅は1993（平成５）年４月に廃止され、羽田（現・天空橋）駅が開業した。◎羽田空港（初代）　1956（昭和31）年４月　撮影：吉村光夫

羽田空港第1・第2ターミナル

【所在地】東京都大田区羽田空港３−３−４ 【開業】1998（平成10）年11月18日 【キロ程】6.5km（京急蒲田起点） 【ホーム】1面2線（地下駅）
【乗降人員】97,330人（2019）年

現在の羽田空港第1・第2ターミナル駅は、1998（平成10）年11月、羽田空港（二代目）駅として開業している。2010（平成22）年10
月、羽田空港国際線ターミナル駅の開業に伴い、羽田空港国内線ターミナル駅となった。2020（令和2）年3月、現在の駅名に改称
している。◎羽田空港（初代）　1983（昭和58）年9月21日　撮影：荻原二郎

現在の天空橋駅は地下駅であり、この海老取川を越える空港線は地下区間になっている。これは羽田空港駅時代の海老取川を渡る
空港線の橋梁で、奥に当時の駅舎が見えている。海老取川は多摩川の分流であり、北側に流れてゆく中で呑川と合流して東京湾に
注ぐことになる。◎羽田空港（初代）　1968（昭和43）年6月23日　撮影：荻原二郎

雑色

【所在地】東京都大田区仲六郷２−42−１ 【開業】1901（明治34）年２月１日 【キロ程】9.4km（品川起点）【ホーム】２面２線（高架）
【乗降人員】32,138人（2019年）

1901（明治34）年２月に開業した雑色駅。珍しい駅名の「雑色」は、もともとは宮廷の役職名（蔵人）で、鎌倉時代にはこのあたりにそうした役目を担う「雑色村」が存在していた。平成20年代に駅は高架化されており、これは地上駅時代の駅舎、改札口付近の風景である。◎雑色　1967（昭和42）年６月25日　撮影：荻原二郎

京浜急行の切符コレクション①

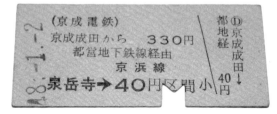

六郷土手

Rokugōdote

【所在地】東京都大田区仲六郷4－27－11　【開業】1906（明治39）年10月1日　【キロ程】10.6km（品川起点）　【ホーム】2面2線（高架）
【乗降人員】16,441人（2019）年

六郷土手駅はその名の通り、六郷川の土手（堤）にある駅。1906（明治39）年10月の開業時は「六郷堤」という駅名を名乗っていた。1945（昭和20）年の京浜空襲で駅舎が焼失し、後に再建されている。1971・1972（昭和46・47）年、六郷川橋梁の架け替えに伴い、駅は移設されて高架駅となった。◎六郷土手　1965（昭和40）年12月29日　撮影：荻原二郎

クロスシートの初代700形は1966年に改番され二代目600形（600形Ⅱ）となった。1968年6月に運転に開始された快速特急（快特）の1000形Ⅰとともに運行。1971〜72年に冷房化、パンタグラフの移設などが行われた。写真は1977年に登場した8両固定編成による快特品川行。2000形登場に伴い1986年までに廃車にされた。◎六郷土手　1978（昭和53）年2月23日　撮影：荻原二郎

京急川崎

【所在地】神奈川県川崎市川崎区砂子１－３－１　【開業】1902（明治35）年9月1日　【キロ程】11.8（品川起点）
【ホーム】本線：２面４線（高架）　大師線：２面２線　【乗降人員】131,920人（2018年）

地上駅時代の京浜川崎（現・京急川崎）駅を発車するデハ230形による逗子海岸（現・逗子・葉山）行急行（後追い撮影）。先頭および前から3両目はクハ350形。クハ350形はデハ5170形（旧京浜デハ101、戦争末期の空襲で8両全車が被災）の戦災復旧車で3ドアの制御車。外板が波打っていて、空襲で焼けた車体を「たたき直した」ことがわかる。
◎京浜川崎（現・京急川崎）
1957（昭和32）年3月
撮影：吉村光夫

　1968（昭和43）年6月、品川〜泉岳寺の区間が開通し、都営地下鉄1号線（現・浅草線）と結ばれ、相互乗り入れが開始された。横浜・川崎方面からは、乗り換えなしで都心の新橋・東銀座方面に行かれるようになったことを示す案内板が、この京急川崎駅の構内に設置されている。◎京浜川崎（現・京急川崎）　1968（昭和43）年　撮影：吉村光夫

デハ700形（初代）の週末特急「ラメール号」浦賀行。先頭のデハ735-デハ785は1957年7月に製造されたピカピカの新車である。
1956年3月から土曜運転の週末特急「ラメール」（フランス語で「海」の意味）、「パルラータ」（イタリア語で「語らい」の意味）が登場し、運転開始時は500形だったが翌年から700形Iとなり、浦賀で大島航路、金谷航路に接続した。
◎京浜川崎（現・京急川崎）　1957（昭和32）年7月　撮影：吉村光夫

七夕の日の夕方に京浜川崎（現・京急川崎）を発車する上り海水浴特急品川行。デハ400形デハ437は旧デハ600形（600形I）で、デハ500形を3ドア、ロングシート化したタイプ。手作りの「品川」行表示板がほほえましい。
◎京浜川崎（現・京急川崎）　1968（昭和43）年7月7日　撮影：矢崎康雄

1964（昭和39）年7月から着手された国鉄（現・JR）川崎駅前の京急線高架化工事。京急の線路は平行する川崎市電の跡地に移され、京急線の跡地に高架線が建設された。川崎市電の線路はさらに移設された。高架化は1966（昭和41）年5月に完成し、最終完成は同年12月で川崎駅前の開かずの踏切も解消した。写真左は1959（昭和34）年開設の民衆駅「駅ビルかわさき」。写真奥に地平の京浜川崎駅が見える。
◎京浜川崎（現・京急川崎）〜八丁畷　1965（昭和40）年3月　撮影：吉村光夫

高架化工事中の京浜川崎（現・京急川崎）駅。京浜川崎駅付近の高架化工
事は1964（昭和39）年7月に始まり、1966（昭和41）年5月11日に上り線が
使用開始され、10日後の5月21日から下り線が使用開始された。この時点で
は北側2線が高架化されたが、追い抜きはできなかった。同年12月には南
側2線が高架化され2面4線となり駅施設の改良工事も完成した。
◎京浜川崎（現・京急川崎）　1966（昭和41）年7月12日　撮影：吉村光夫

港町、鈴木町

港町　【所在地】神奈川県川崎市川崎区港町1−1　【開業】1932（昭和7）年3月21日　【キロ程】1.2km（京急川崎起点）　【ホーム】2面2線
【乗降人員】8,147人（2017年）

鈴木町　【所在地】神奈川県川崎市川崎区鈴木町2−2　【開業】1929（昭和4）年12月10日　【キロ程】2.0km（京急川崎起点）　【ホーム】2面2線
【乗降人員】10,081人（2017年）

港町駅のルーツは、1929（昭和4）年〜1931（昭和6）年に存在した大師線の臨時停留場・河川事務所前である。1932（昭和7）年3月、コロムビア前駅として開業し、一時休止後の1944（昭和19）年2月に港町駅として再開された。1956（昭和31年）10月に現在地に移転している。
◎港町
1971（昭和46）年2月1日
撮影：荻原二郎

隣の港町駅が一時、コロムビア前駅を名乗っていたのと同様、この駅は1929（昭和4）年12月、味の素前駅として開業している。当時の駅名の由来は、味の素（鈴木商店）川崎事業所の出入り口前に開かれていたためで、同社の創業者、鈴木三郎助の「鈴木」が地名（鈴木町）に採用されて、現在の駅名になっている。◎鈴木町　1971（昭和46）年2月1日　撮影：荻原二郎

大師線を行くクハ140形クハ155とデハ290形の2両編成。手前の下り線は塩浜から味の素川崎工場への貨物輸送のため3線軌道（1435mmと1067mm）である。写真右に工場への引込線（1067mm）が分岐。終電後に神奈川臨海鉄道のDLが牽く塩浜操車場からの貨物列車が運行されたが1998年3月に廃止された。◎川崎大師～鈴木町　1962（昭和37）年7月20日　撮影：荻原二郎

大師線を走るデハ230-クハ280-クハ280-デハ230の4両編成。最後部はデハ277。名車デハ230形は空港線と大師線が最後の活躍の場で、空港線では1976年8月、大師線では1978年3月まで運行された。前面の行先表示は川崎－川崎大師と大きく表示され、終点小島新田と小さく表示された。◎鈴木町　1977（昭和52）年10月20日　撮影：荻原二郎

Kawasaki-Daishi
川崎大師

【所在地】神奈川県川崎市川崎区大師駅前１－18－１　【開業】1899（明治32）年１月21日　【キロ程】2.5km（京急川崎起点）　【ホーム】２面２線
【乗降人員】17,729人（2017年）

ダルマ急行と呼ばれる品川からの大師線直通急行。大晦日の終夜運転および正月に運転された。写真左の下り線は塩浜から味の素川崎工場への貨物輸送のため、３線軌条（1435㎜と1067㎜）になっている。◎川崎大師　1962（昭和37）年１月1日　撮影：柴橋達夫

大師線の由来となった川崎大師（平間寺）の門前駅。川崎大師駅は1899（明治32）年１月、大師電気鉄道時代に大師駅として開業している。現在の駅名「川崎大師」に変わったのは1925（大正14）年11月で、駅の構造は相対式ホーム２面２線をもつ地上駅となっている。
◎川崎大師　昭和46年頃　撮影：山田虎雄

品川行直通急行

運転間隔	方面のりば	東京	品川	青物横丁	立会川	学校裏	京浜蒲田

本線を経由して品川駅に向かう急行列車が停車している、大師線の川崎大師駅のホーム。列車ドアが開くのを待つ人が見えるホーム上の看板には、学校裏（現・平和島）の駅名表示があり、古い時代を感じさせる。また、「京浜蒲田」「品川」とともに「東京」の文字が入っているのもおもしろい。◎川崎大師　1958（昭和33）年1月　撮影：吉村光夫

東門前、大師橋

東門前　【所在地】神奈川県川崎市川崎区中瀬３−23−10　【開業】1925（大正14）年８月15日　【キロ程】3.2km（京急川崎起点）　【ホーム】２面２線
【乗降人員】12,616人（2017年）

大師橋　【所在地】神奈川県川崎市川崎区大師河原２−４−25　【開業】1944（昭和19）年６月１日　【キロ程】3.8km（京急川崎起点）
【ホーム】２面２線（地下駅）　【乗降人員】10,523人（2017年）

川崎大師（平間寺）山門の東側にあたる場所に置かれている東門前駅。1925（大正14）年８月、海岸電気軌道の駅として開業した駅は1937（昭和12）年12月に廃止された。1944（昭和19）年６月、大師線が産業道路（現・大師橋）駅まで延伸した際、現在の東門前駅が開業している。◎東門前　1971（昭和46）年２月１日　撮影：荻原二郎

1962（昭和37）年、地上駅時代の産業道路（現・大師橋）駅のホーム風景で、手前には構内踏切を渡る人の姿がある。この後、1968（昭和43）年11月に新しい駅舎が完成し、2019（平成31）年３月に川崎市では初の地下駅に変わった。
◎産業道路（現・大師橋）
1962（昭和37）年１月
撮影：吉村光夫

現在の大師橋駅は、2020（令和2）年3月まで産業道路駅と呼ばれていた。東門前駅と同様、海岸電気軌道時代に駅が存在した歴史があり、1944（昭和19）年6月の東京急行電鉄（大東急）時代に現在の駅が開業している。現在は地下駅に変わっており、これは地上駅時代の姿である。◎産業道路（現・大師橋）1990（平成2）年　撮影：山田虎雄

地上線時代の産業道路に到着するデハ230形4両の小島新田行。下り線は3線軌条になっている。左側に折返し列車のための3番線に入るポイントが見える。この産業道路は2019年3月に地下化され、2020年3月に大師橋に改称。
◎産業道路（現・大師橋）1972（昭和47）年　撮影：山田虎雄

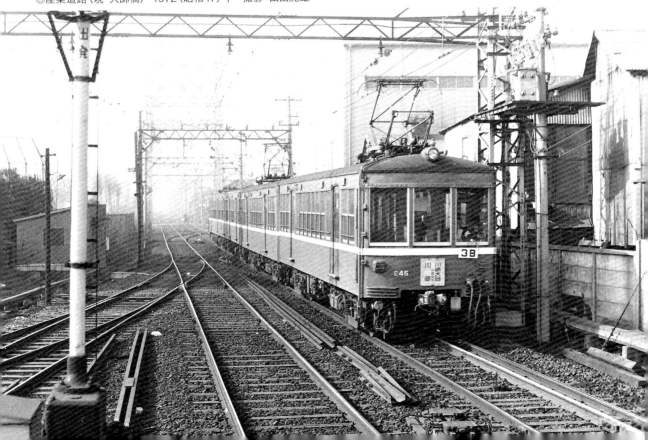

Kojimashinden
小島新田

【所在地】神奈川県川崎市川崎区田町２−13−５
【開業】1944（昭和19）年10月１日
【キロ程】4.5km（京急川崎起点）
【ホーム】１面２線
【乗降人員】21,740人（2017年）

1944（昭和19）年10月、大師線の産業道路（現・大師橋）〜入江崎間の延伸に伴い、小島新田駅が開業している。その後、1964（昭和39）年３月、小島新田〜塩浜間の休止に伴い、この駅が終着駅となった。2010（平成22）年10月、単式から島式ホーム１面２線の駅に変わっている。
◎小島新田　1971（昭和46）年２月１日
撮影：荻原二郎

当時の大師線の終点塩浜に停車中のクハ120形129-デハ230形。クハ120形は1921年製の木造デ41形で京急発足後デハ120形となり後にクハ化された。小島新田〜塩浜間は国鉄塩浜操車場建設に伴い1964年３月に休止。1967年８月に廃止。
◎塩浜　1956（昭和31）年11月23日　撮影：荻原二郎

塩浜で接続する京急大師線と川崎市電。大師線は戦時中に川崎大師から延長され1945年1月に桜本まで延長され川崎市電と接続したが、1952年1月から塩浜〜桜本間が川崎市に譲渡され、塩浜で京急大師線と川崎市電が接続した。1964年3月に小島新田〜塩浜間が休止（のちに廃止）。川崎市電も池上新田〜塩浜間が休止され、1969年3月末限りで全線が廃止された。
◎塩浜　1964（昭和39）年　撮影：羽片日出夫

戦時中に開通した大師線延長区間を行くデハ147-デハ121。先頭のデハ147は1924年製のデ51形で京浜初の半鋼製車。2両目のデハ120形は1921年製のデ41形。大師線は戦時中に川崎大師〜桜本間が開通。同年12月から川崎市電と連絡。1952年に塩浜〜桜本間が川崎市に譲渡された。
◎入江崎〜桜本
1951(昭和26)年3月11日
撮影:荻原二郎

大師線川崎大師から先は戦時中に建設され、入江崎〜桜本間は1945年1月に開通し、敗戦直後の同年12月から川崎市電と接続した。写真の観音鉄橋は橋脚が木造で急ごしらえで戦争末期の急造を物語る。1952年1月から塩浜〜桜本間が川崎市電となり、塩浜で大師線と川崎市電が接続したが、小島新田〜塩浜間は1964年3月に休止。1967年8月に廃止。
◎入江崎〜桜本
1951（昭和26）年3月11日
撮影：荻原二郎

Hatchō-nawate

八丁畷

【所在地】神奈川県川崎市川崎区池田１－６－１ 　【開業】1916（大正５）年12月25日 　【キロ程】13.1km（品川起点） 　【ホーム】2面2線
【乗降人員】16,036人（2018年）

八丁畷に到着する1000形（I）による2両編成の普通品川行。普通電車は旧形車とともに1000形も使用された。八丁畷はJR南武線との共同使用駅だが、駅業務は京急に委託されている。京浜川崎（現・京急川崎）〜横浜間は京浜鶴見（現・京急鶴見）の前後を除いて地上線で踏切が多く、民家の軒下をかすめるように高速で走る。◎八丁畷　1968（昭和43）年10月3日　撮影：荻原俊夫

この八丁畷駅は、京急本線とJR南武線（浜川崎支線）との連絡駅となっている。1915（大正4）年12月に開業し、1930（昭和5）年3月に南武鉄道（現・南武線）の貨物駅が開業、同年4月に旅客駅となった。京急の駅は相対式2面2線のホームを有する地上駅で、その上を南武線が高架で通っている。◎八丁畷　1965（昭和40）年12月29日　撮影：荻原二郎

Tsurumi-ichiba
鶴見市場

【所在地】神奈川県横浜市鶴見区市場大和町7－1　【開業】1905（明治38）年12月24日　【キロ程】13.8km（品川起点）　【ホーム】2面2線
【乗降人員】21,325人（2018年）

「鶴見市場」の駅名は、戦国時代の天文年間にこのあたりで市が開かれたことに由来している。1905（明治38）年12月に市場駅として開業し、1927（昭和2）年4月、現在の駅名である「鶴見市場」に変わった。現在の駅の構造は相対式ホーム2面2線の地上駅で、橋上駅舎に変わっている。◎鶴見市場　1965（昭和40）年

京急鶴見

【所在地】神奈川県横浜市鶴見区鶴見中央１−30−22　【開業】1905（明治38）年12月24日　【キロ程】15.3km（品川起点）　【ホーム】２面３線（高架）
【乗降人員】33,460人（2018年）

国鉄（現・JR）線の鶴見駅との連絡駅であり、両駅の西側には曹洞宗大本山の總持寺が存在する。駅の開業は1905（明治38）年12月で、1925（明治14）年11月に京浜鶴見駅となった後、1987（昭和62）年6月に現在の駅名となった。駅の構造は単式ホーム1面1線、島式ホーム1面2線を有する高架駅である。◎京浜鶴見（現・京急鶴見）　1969（昭和44）年1月4日　撮影：荻原二郎

京急鶴見～花月総持寺間にあった総持寺駅に停車中の1921（大正10）年に製造された京浜電気鉄道の木造車デ40形（デ47）。ポール集電で、美しい円弧を描いた正面の雨どいの形状から「トンボ電車」と呼ばれた。デ40形は戦後の京急発足時にデハ120形となり、後にクハ120形となった。◎総持寺　1939（昭和14）年11月15日　撮影：荻原二郎

花月総持寺

【所在地】神奈川県横浜市鶴見区生麦５−１−３ **【開業】**1914（大正３）年４月12日 **【キロ程】**16.1km（品川起点） **【ホーム】**2面2線
【乗降人員】6,953人（2018）年

1914（大正３）年４月、花月園前駅として開業し、2020（令和2）年に現在の駅名である「花月総持寺」に改称した。駅北側に広がる曹洞宗の大本山、總持寺とともに、駅の西側には戦前に花月園遊園地、戦後は花月園競輪場が存在した。東側には、JR鶴見線の国道駅がある。
◎花月園前（現・花月総持寺）
1967（昭和42）年12月31日
撮影：荻原二郎

1925年10月に総持寺〜大師間が開通した海岸電気軌道。京浜電気鉄道の系列会社で車両も京浜の中古だった。この車両は京浜デ1形デ8。品川〜神奈川間開通に備え1904年に登場した日本初の電車ボギー車で長さ13m、定員76人の大型車。海岸電気軌道は1930年３月、鶴見臨港鉄道（現・JR鶴見線）に合併され1937年11月限りで廃止となった。◎富士電機前　昭和初期

1911年に登場した京浜デ26形。デ26〜28の3両が製造され、1918年にデ25形（デ25〜27）と改番。アメリカンスタイルで明り取り窓のある優美なデザインだった。このク25はデ25を1933年に制御車化した車両で、大東急時代にクハ5211となり東横線に移ったがあまり使われず東急碑文谷工場の詰所として使われた。◎生麦　1939（昭和14）年7月4日　撮影：荻原二郎

Namamugi
生麦

【所在地】神奈川県横浜市鶴見区生麦3－1－35　【開業】1905（明治38）年12月24日　【キロ程】16.9km（品川起点）　【ホーム】2面3線
【乗降人員】29,882人（2018年）

幕末に発生した生麦事件の舞台として知られる生麦村は、1889（明治22）年に「生麦」「鶴見」「東寺尾」の旧村名から一字ずつを取った生見尾（うみお）村となっている。京急本線の生麦駅は1905（明治38）年12月に開業。1967（昭和42）年11月、橋上駅に変わっている。◎生麦　1966（昭和41）年7月31日　撮影：荻原二郎

高島貨物線との交差付近を行くデハ600形（I）4両の休日ハイキング特急「三崎号」。戦後になりそれまで要塞地帯だった三浦半島が「解放」され観光地として注目され、京急も観光列車を多数運転した。京浜鶴見（現・京急鶴見）の先から生麦を経て子安付近まで国鉄・JRと並走し、2019年秋からは相模鉄道直通電車が新たに見られるようになった。
◎生麦～京浜新子安（現・京急新子安）　1954（昭和29）年4月　撮影：吉村光夫

Keikyū Shinkoyasu
京急新子安

【所在地】神奈川県横浜市神奈川区子安通3-289　【開業】1910（明治43）年3月27日　【キロ程】18.3km（品川起点）　【ホーム】2面2線
【乗降人員】8,596人（2018年）

国鉄（現・JR）線の新子安駅の南側に並んで存在する京急新子安駅。1910（明治43）年3月の開業で、当時の駅名は「新子安」。1943（昭和18）年11月、国鉄の新子安駅が誕生したことで「京浜新子安」と駅名を改称し、1987（昭和62）年6月に現駅名の「京急新子安」となった。これは地上駅時代の姿。
◎京浜新子安（現・京急新子安）
1964（昭和39）年10月4日　撮影：荻原二郎

Koyasu

子安

【所在地】神奈川県横浜市神奈川区子安通1－46　【開業】1905（明治38）年12月24日　【キロ程】19.3km（品川起点）　【ホーム】2面4線
【乗降人員】7,852人（2018年）

1905（明治38）年12月、川崎～神奈川停車場前（現・神奈川）間の延伸に伴い、この子安駅が開業した。駅名の由来は、浄土宗の名刹、吉祥山相応寺の門前に子育地蔵が並ぶことから生まれた「子安」の地名による。現在の駅の構造は島式ホーム2面4線の地上駅で、跨線橋、地下通路が存在する。
◎子安
1966（昭和41）年7月31日
撮影：荻原二郎

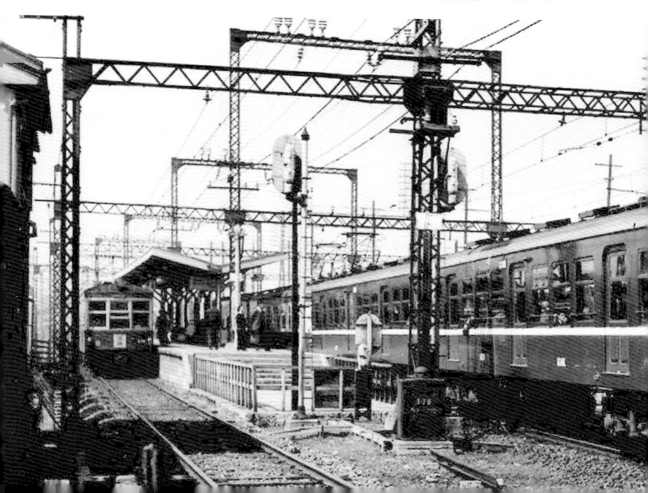

子安で逗子海岸（現・逗子・葉山）行急行を追抜く700形（I）の特急湘南久里浜（現・京急久里浜）行（先頭はデハ705）。当時、子安は特急停車駅だったが1965年2月から特急は通過し、神奈川新町に特急が停車した。右のクハ350形は1940年に京浜デハ101形として登場。東急3450、小田急1600などと並ぶ17m級、3ドアロングシートの関東形。大東急時代はデハ5170形だったが空襲で8両全車が被災し、戦後にクハとして復旧した。◎子安　1958（昭和33）年9月　撮影：吉村光夫

子安でデハ230形の普通電車を追抜く600形（I）の休日ハイキング特急「鷹取号」。京急ではハイキング特急に愛称を付けてPRに努めた。子安駅北側に国鉄（現・JR）横浜線（当時は単線）の築堤があり、東海道本線、京浜東北線と交差している。
◎子安　1954（昭和29）年
撮影：吉村光夫

神奈川新町

【所在地】神奈川県横浜市神奈川区亀住町19－1　【開業】1914（大正4）年8月21日　【キロ程】20.0km（品川起点）　【ホーム】2面4線
【乗降人員】19,682人（2018年）

神奈川新町駅は、1915（大正4）年8月、新町駅として開業した。この駅名は江戸時代の東海道にあった神奈川宿の新町に由来していた。1927（昭和2）年4月に現駅名の「神奈川新町」に改称している。駅の構造は島式ホーム2面4線を有する地上駅で、西側に京急の車両基地、新町検車区がある。◎神奈川新町　1966（昭和41）年1月1日　撮影：荻原二郎

デハ400形デハ432。デハ400形デハ420グループだがこのデハ432はデハ420形の増備車で1950年東急車輌製である。この車輌は1970〜71年に車体更新され全鋼製車体になった。これは更新直前の姿で原形の車体である。
◎神奈川新町　1969（昭和44）年5月24日　撮影：荻原俊夫

神奈川新町を発車する700形（I）の上り特急品川行。2両固定編成を3本つないだ6両編成。最後部はデハ701－クハ751で1956年10月に製造されたトップナンバー。中央の窓5個分が固定クロスシート。1957～58年に増備され、高速性能で「速い京浜急行」を強くアピール。1971～72年に冷房化、車体更新、4両固定編成化。神奈川新町は1965年2月から子安に代わり特急停車駅になった。◎神奈川新町　1965（昭和40）年　撮影：園田正雄

初代1000形（1000形I）トップナンバー編成（浦賀方から1001-1002-1003-1004）の品川方先頭デハ1004。1959年12月登場。正面は1951年登場のデハ500形、1953年登場のデハ600形Iと同様に大窓2枚の湘南スタイル（ここでいう湘南は湘南電気鉄道ではなく、国鉄80系湘南形）。この編成は1970年に前面貫通化された。◎神奈川新町　1969（昭和44）年5月24日　撮影：荻原俊夫

京急東神奈川

【所在地】神奈川県横浜市神奈川区東神奈川１－11－５　【開業】1905（明治38）年12月24日　【キロ程】20.5km（品川起点）　【ホーム】２面２線（高架）
【乗降人員】23,567人（2018年）

2020（令和２）年３月、西側に存在するJR京浜東北線・横浜線の東神奈川駅に合わせる形で、京急東神奈川駅に改称した旧仲木戸駅。1905（明治38）年12月、中木戸駅として開業し、1915（大正４）年に仲木戸駅となっていた。両駅の西側には神奈川区役所が存在している。◎仲木戸（現・京急東神奈川）　1967（昭和42）年９月23日　撮影：荻原二郎

東海道本線、京浜東北線との平行区間を行くデハ230形の急行浦賀行。赤と黄色の塗装で1963（昭和38）年まで見られた。国鉄、京急あわせて８線が並ぶ光景は今でも変わっていないが、国鉄の北側２線は当時貨物線だったが1980年から横須賀線となり、今では湘南新宿ラインも走る。◎仲木戸（現・京急東神奈川）～神奈川　1955（昭和30）年７月　撮影：吉村光夫

Kanagawa
神奈川

【所在地】神奈川県横浜市神奈川区青木町1－1 　【開業】1905（明治38）年12月24日 　【キロ程】21.5km（品川起点） 　【ホーム】2面2線
【乗降人員】4,872人（2018年）

京急本線は1905（明治38）年12月に川崎～神奈川間が開業。終着駅の神奈川駅、反町駅を置いた。両駅は後に廃止され、1930（昭和5）年3月に青木橋駅が開業、京浜神奈川駅と駅名を改称した後、1956（昭和31）年4月に現在の駅名である「神奈川」に改称している。現在は橋上駅舎になっている。
◎神奈川
1968（昭和43）年1月2日
撮影：荻原二郎

神奈川の上りホームから撮影したデハ420形（先頭はデハ433）2両を先頭にした急行浦賀行。後ろの2両はデハ600形Ⅰ（後のデハ440形）と思われる。デハ420形は1949年登場で、性能などはデハ400形とほぼ同じ。
◎神奈川　1968（昭和43）年1月2日　撮影：荻原二郎

Yokohama
横浜

【所在地】神奈川県横浜市西区高島２－16－１　【開業】1930（昭和５）年２月５日　【キロ程】22.2km（品川起点）　【ホーム】２面２線
【乗降人員】327,025人（2018年）

1929（昭和４）年６月、京急本線は国鉄（現・JR）横浜駅への乗り入れを実現（仮開通）し、1930（昭和５）年２月には本開通している。これに先立ち、1928（昭和３）年10月に国鉄の横浜駅（３代目）が開業。横浜駅は、現在のような巨大ターミナル駅へのスタートを切っている。◎横浜　1970（昭和45）年　撮影：高橋義雄

都営地下鉄直通運転の初日、横浜駅停車中のデハ628先頭の快特品川行。快特（快速特急）は都心乗り入れダイヤ改正時（1968年6月15日）に品川〜三浦海岸間に登場したが、都営地下鉄へは乗り入れなかった。鉄道友の会から贈られた「祝、都心乗入れ」のヘッドマークを付けている。
◎横浜　1968（昭和43）年6月21日
撮影：吉村光夫

横浜駅のホームには、2つの大きな看板が設置されている。京急は、この横浜駅から品川（東京）方面、横須賀（中央）方面へ向かう乗客を獲得しようとして、国鉄（現・JR）と競い合っていた。一方、夏季における海水浴客も京急のドル箱であり、特急、急行を増発したことが示されている。
◎横浜　1961（昭和36）年7月
撮影：吉村光夫

横浜駅2番線を発車する普通品川行。最後部はクハ350形（クハ356）前の2両はデハ230形。クハ350形はデハ5170形（旧京浜デハ101、戦争末期の空襲で8両全車が被災）の戦災復旧車で3ドアの制御車。当時の京急横浜駅は下りと上りのホームが別だった。写真左側の3番線は京浜東北線ホーム。◎横浜　1963（昭和38）年9月7日　撮影：荻原二郎

横浜を発車し大きくカーブして根岸線、東急東横線との交差地点に向かう京急デハ600形（I）。このカーブは現在でも変わっていない。背後の国鉄横浜駅には客車列車が停車中。写真右側の空地には現在、横浜中央郵便局が建っている。◎横浜　1970（昭和45）年　撮影：小川峯生

京急には専用の荷物電車はなかったが、デハ230形など旧形車が荷電として運行された。写真右は京浜東北・根岸線の3番線ホーム。横浜駅は東口側の京急が1、2番線で国鉄（JR）は3番線以降で現在も変わらない。国鉄（JR）の主要駅でホーム番号が民鉄と通し番号になっているのは珍しい。背後の跨線橋は東口と西口相鉄連絡改札を結んでいたが京急とはつながっていなかった。
◎横浜　1971（昭和46）年　撮影：山田虎雄

戸部〜横浜間での京急と横浜市電の出会い。京急はデハ400形460グループ（先頭はデハ462）、横浜市電は1170号で5系統洪福寺行（間門〜洪福寺）。付近の市電停留場は平沼町で京急ガードの左側に戦時中に廃止され戦争末期に空襲で被災した平沼駅があり、現在でもホーム跡が残っている。この区間の市電は1969年6月末日限りで廃止。
◎戸部〜横浜　1969（昭和44）年6月29日　撮影：荻原二郎

Tobe
戸部

【所在地】神奈川県横浜市西区戸部本町48−11　【開業】1931（昭和6）年12月26日　【キロ程】23.4km（品川起点）　【ホーム】1面2線（高架）
【乗降人員】16,337人（2018年）

戸部駅の開業は1931（昭和6）年12月で、このときに横浜〜黄金町間が延伸している。現在の駅の構造は島式ホーム1面2線を有する高架駅で、開業当初から高架駅となっていた。東側には横浜市営地下鉄ブルーラインの高島町駅、西側には相鉄本線の平沼橋駅が存在している。◎戸部　1968（昭和43）年

戸部の高架線を走るデハ500形の休日ハイキング特急。500形4両の後ろに600形（I）を連結し6両で運転。周囲は戸建て住宅やアパート、小規模工場が並ぶ住工混在地域。◎戸部　1954（昭和29）年4月29日　撮影：吉村光夫

日ノ出町

【所在地】神奈川県横浜市中区日ノ出町１－31　**【開業】**1931（昭和６）年12月26日　**【キロ程】**24.8㎞（品川起点）　**【ホーム】**２面２線（高架）
【乗降人員】28,814人（2018年）

1931（昭和６）年12月に日ノ出町駅が開業した際は、横浜側の京浜電気鉄道（現・京急電鉄）と南側の湘南電気鉄道（後に京急と合併）との接続駅となっていた。駅の構造は相対式ホーム２面２線を有する高架駅で、西側には野毛山公園、野毛山動物園が存在する。北東にはJR根岸線の桜木町駅が置かれている。
◎日ノ出町
1970（昭和45）年12月23日
撮影：荻原二郎

野毛山トンネルを出発して日ノ出町に到着するデハ600形（Ｉ）の急行浦賀行。後ろにデハ300形を連結した４両編成。写真右の洋風建物「梅家旅館」は現在では取り壊され普通の戸建て住宅になっているが石段と石垣は今でも変わらない。トンネル手前の歩道橋もそのままで野毛山の住宅地に続いている。◎日ノ出町　1956（昭和31）年４月　撮影：荻原二郎

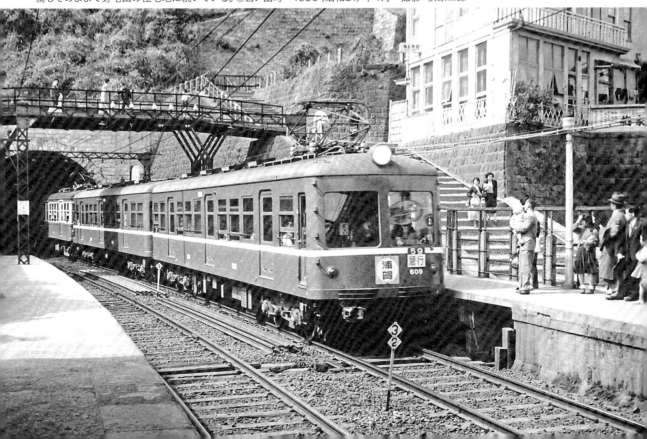

Koganechō
黄金町

【所在地】神奈川県横浜市南区白金町１−１ 【開業】1930（昭和５）年４月１日 【キロ程】25.6km（品川起点） 【ホーム】１面２線（高架）
【乗降人員】22,958人（2018年）

1930（昭和５）年４月に湘南電気鉄道（後に京急と合併）の起終点駅として開業した黄金町駅。1931（昭和６）年12月に日ノ出町駅まで延伸している。現在の駅の構造は島式ホーム1面2線の高架駅となっている。南側には横浜市営地下鉄ブルーラインの阪東橋駅が置かれている。◎黄金町　1978（昭和53）年

400形420グループ2両の普通品川行。先頭のデハ432はデハ420形の増備車で1950年製である。この区間の高架線用地は元々鉄道省（当時）が京浜線電車を桜木町から南太田付近の蒔田を経由して保土ケ谷まで延長するために取得した。将来は大船まで延長する計画だったが、戦後に国鉄（現・JR）根岸線として実現した。◎黄金町　1968（昭和43）年10月3日　撮影：荻原俊夫

Minamiōta

南太田

【所在地】神奈川県横浜市南区南太田１－25－１ 【開業】1930（昭和５）年４月１日 【キロ程】26.5km（品川起点）【ホーム】２面４線（高架）
【乗降人員】17,699人（2018年）

デハ420形２両の普通品川行。当時は急行が４両、普通が２～４両だった。南太田は当時高架線上でホームは18ｍ車４両分の長さだった。後年浦賀方の崖を崩して構内が拡張され中央に通過線新設および待避線ホーム延長（８両停車可能）が行われた。待避線は1987年12月から使用開始。
◎南太田
1956（昭和31）年
撮影：荻原二郎

1930（昭和５）年４月に湘南電気鉄道の駅として開業。かつては久良岐郡太田村があり、関内地区にも太田町が存在したが、後に南太田町となったことから、「南太田」が駅の名称に選ばれた。駅の南西には高校野球の名門校として知られる、横浜市立横浜商業高等学校（Y校）が存在する。◎南太田　1978（昭和53）年

Idogaya
井土ヶ谷

【所在地】神奈川県横浜市南区井土ヶ谷中町161　【開業】1930（昭和5）年4月1日　【キロ程】27.7km（品川起点）　【ホーム】2面2線
【乗降人員】29,347人（2018年）

井土ヶ谷駅は築堤の上に置かれている地上駅で、相対式ホーム2面2線を有している。駅の開業は1930（昭和5）年4月で、駅舎は築堤の下にあり、駅東側の地上部分に環状1号が走っている。この駅の先で京急本線は南に大きくカーブして、弘明寺方面に向かうことになる。◎井土ヶ谷　1978（昭和53）年

品川に向かう上りハイキング特急、「灯台」のマークを付けている。最後部は1950（昭和25）年製造のデハ430形デハ430。前部に2ドアの500形を連結している。◎井土ヶ谷～南太田　1954（昭和29）年4月　撮影：吉村光夫

Gumyōji
弘明寺

【所在地】神奈川県横浜市南区弘明寺町山下267　【開業】1930（昭和5）年4月1日　【キロ程】29.1km（品川起点）　【ホーム】2面2線
【乗降人員】30,115人（2018年）

大岡川を挟んで2つの弘明寺駅が存在するが、両駅の間はやや距離が離れている。京急本線の弘明寺駅は1930（昭和5）年4月に湘南電気鉄道の駅として開業。1972（昭和47）年12月には横浜市営地下鉄ブルーラインの弘明寺駅が誕生した。駅名の「弘明寺」は真言宗高野山派の寺院、弘明寺に由来している。
◎弘明寺　1965（昭和40）年7月31日　撮影：荻原二郎

1000形（I）4両（先頭はデハ1037）の普通。この1037〜の編成は1000形（I）初期の正面2枚窓、非貫通タイプであるが、1970年に前面に貫通ドアを取り付けた。◎弘明寺　1966（昭和41）年7月31日　撮影：荻原二郎

1974年12月から朝ラッシュ時に運転を開始した1000形（I）の特急12両編成。12両運転区間は金沢文庫〜神奈川新町間で、後部4両は横浜で乗客を降ろし神奈川新町で切り離した。1978年3月から神奈川新町のホーム延伸、神奈川新町〜子安間上り線の3線化で、神奈川新町まで客扱いするようになった。◎弘明寺〜井土ヶ谷　1975（昭和50）年6月　撮影：山田 亮

Kamiōoka
上大岡

【所在地】神奈川県横浜市南区上大岡西１−６−１ 【開業】1930（昭和５）年４月１日 【キロ程】30.8km（品川起点） 【ホーム】2面4線（高架）
【乗降人員】144,624人（2018年）

400形6両の上り急行。最後部は400形デハ429。400形420グループと呼ばれ、1949年製造のデハ420形。1969〜70年に車体が更新され、全鋼製車体となり、行先・種別表示の方向幕が取り付けられた。前4両も400形の全金属車。上大岡は1996年に京急百貨店が駅上部に開業した。◎上大岡　1976（昭和51）年9月17日　撮影：荻原俊夫

地平駅時代の上大岡を発車するデハ600形（I）の特急浦賀行。3両編成で前2両はデハ603-クハ653、3両目はデハ300形（後の400形400グループ）。デハ600形は赤に白帯塗装だが、前面に白帯がない。右にデハ230形の普通が待避している。
◎上大岡　1954（昭和29）年7月　撮影：吉村光夫

登場後間もない4ドアロングシートの18メートル車デハ700形。700形は4ドア化による乗降時間短縮で運転時分が短縮され「早く逃げ切れる」ことで優等列車の運転時間短縮につながるとされた。700形は初期の車両は運転台が在来車より100mm高い「高運転台」で前面窓（運転士側、車掌側）はやや横長であるが、2次車からは1000形（I）とほぼ同様のサイズになり正方形に近くなった。
◎上大岡　1967（昭和42）年　撮影：山田虎雄

1970年夏に京成成田〜逗子海岸（現・逗子・葉山）間に直通特急が6往復運転され、逗子海岸行が「逗子号」、反対方向の京成成田行が「パシフィック号」となった。京成の車両は3200系で、京成線内へ戻るまでの間、アルバイト運用で逗子海岸〜品川間を特急で往復した。京成3200系は京急線内では最高105キロだが、京急の車両に比べ加速に時間がかかりまさにギリギリの運転だった。
◎上大岡　1970（昭和45）年　撮影：山田虎雄

400形4両の普通浦賀行き。先頭はデハ433で400形420グループとも呼ばれ、もとはデハ420形。このデハ433は1950年製造の増備車。1969〜70年に車体が全鋼製車体に更新されたが、更新直前の姿で車体は原形をとどめ、行先・種別表示の方向幕もなく、行先表示板（通称前サボ）がある。◎上大岡〜屏風浦　1969（昭和44）年8月17日　撮影：荻原俊夫

500形4両の普通浦賀行。セミクロスシートのデハ500形は1968（昭和43）〜69年に車体が更新され4ドア、ロングシート車なった。前面は400形460グループ、側面は700形と同様で普通として運行。4両固定だったが後に3両化。1981（昭和56）年に廃車。画面後方は上大岡の商業地だがビルは少ない。この区間は屏風浦方の築堤で1998〜97年に高架化。
◎上大岡〜屏風浦　1969（昭和44）年8月17日　撮影：荻原俊夫

京急名物の夏の海水浴特急。1960〜70年代、一般家庭にエアコンはなく夏のレジャーは海水浴で、日曜は多くの海水浴客が京急で逗子海岸、三浦海岸へ押しかけ海水浴特急が多数運転された。1000形18両の上り品川行海水浴特急。先頭は1000形Iの初期形デハ1008。この撮影日は日曜で海水浴帰りの客で満員である。◎上大岡〜屏風浦　1969（昭和44）年8月17日　撮影：荻原俊夫

Byōbugaura
屏風浦

【所在地】神奈川県横浜市磯子区森３−18−６　【開業】1930（昭和５）年４月１日　【キロ程】33.0㎞（品川起点）　【ホーム】２面２線（高架）
【乗降人員】18,335人（2018年）

1991（平成３）年に駅舎が改築される前の屏風浦駅の駅舎で、この駅舎は1964（昭和39）年に誕生したものである。この駅は1930（昭和５）年４月に屏風ヶ浦駅として開業。戦後に現在の駅名になった。現在の駅の構造は、相対式２面２線のホームをもつ高架駅である。◎屏風浦　1964（昭和39）年５月24日　撮影：荻原二郎

500形４両と600形（Ⅰ）２両の休日ハイキング特急「第２房総号」浦賀で金谷航路に接続。「交通公社時刻表」1956（昭和31）年12月号には「特急、品川〜久里浜60分」と記載。品川発時刻は平日（土曜含む）が浦賀行7:40、8:00、8:20、8:40、久里浜行9:00。土曜は浦賀12:40、13:40。休日は浦賀行7;20、7:40、8:40、9:00、9:40、久里浜8:20、10:20、逗子行8:00、9:20、10:00で休日朝は20分間隔。◎上大岡〜屏風浦　1954（昭和29）年４月　撮影：吉村光夫

Sugita
杉田

【所在地】神奈川県横浜市磯子区杉田２−１−９　【開業】1930（昭和５）年７月10日　【キロ程】34.3km（品川起点）　【ホーム】２面２線
【乗降人員】34,511人（2018年）

磯子区中部に位置し、東側を走るJR根岸線、金沢シーサイドラインの新杉田駅と連絡している杉田駅。湘南電気鉄道開業から３か月が経過した1930（昭和５）年７月に仮駅として開業し、翌年５月に本駅に昇格した。1970（昭和45）年３月に駅舎を改築し、橋上駅となっている。
◎杉田
1967（昭和42）年７月30日
撮影：荻原二郎

杉田を通過する1000形（Ⅰ）の上り地下鉄直通特急押上行。特急の種別表示板がある。1970年３月、国鉄（現・JR）根岸線磯子〜洋光台間開通時に新杉田駅が開設されたが、国鉄が新杉田となり京急は杉田のままである。1943年11月、国鉄新子安駅開設時に京急（当時は東急）の新子安は京浜新子安に改名させられたことと比べ、「官」優位の時代ではなくなったことを感じさせる。
◎杉田　1970（昭和45）年　撮影：荻原二郎

Keikyū Tomioka

京急富岡

【所在地】神奈川県横浜市金沢区富岡西７−１−１　【開業】1930（昭和５）年７月10日　【キロ程】36.7km（品川起点）　【ホーム】２面３線（高架）
【乗降人員】22,410人（2018年）

1930（昭和５）年７月に海水浴客用の仮駅として誕生した湘南富岡駅がルーツで、1931（昭和６）年５月に駅に昇格。太平洋戦争中の空襲で被害を受けて休止した後、1947（昭和22）年３月に場所を変えて再開業した。その後、京浜富岡駅を経て、1987（昭和62）年６月に現在の駅名となった。これは湘南富岡駅時代の姿。◎湘南富岡（現・京急富岡）　1955（昭和30）年12月　撮影：吉村光夫

屋根のない階段を上って改札口に向かう人々の姿がある京浜富岡駅時代の駅舎で、駅名の文字に特徴が見られる。右下の大きな広告看板に見える「ブラックニッカ」は、1956（昭和31）年に発売されて以来、ロングセラーとなっているニッカウヰスキーの看板銘柄である。◎京浜富岡（現・京急富岡）　1970（昭和45）年　撮影：山田虎雄

Nōkendai
能見台

【所在地】神奈川県横浜市金沢区能見台通２－１　【開業】1944（昭和19）年５月10日　【キロ程】37.4km（品川起点）　【ホーム】２面２線
【乗降人員】30,831人（2018年）

この能見台駅は、太平洋戦争中の1944（昭和19）年５月、軍需工場であった大日本兵器産業富岡工場の従業員輸送を目的に開業している。当初の駅名は「谷津坂」で、1969（昭和44）年に現在地に移転して、橋上駅舎となった。これは谷津坂駅時代の風景である。
◎谷津坂（現・能見台）
1967（昭和42）年７月30日
撮影：荻原二郎

30年以上も「谷津坂」を名乗っていたこの駅は、1982（昭和57）年12月に現在の駅名に改称し、駅舎も改築された。「能見台」の駅名は、駅付近の山の上にある地蔵堂（能見堂）跡に由来する。また、ここから眺める景色が漢詩に詠まれ、「金沢八景」の由来になったといわれている。能見台は甲子園の常連、私立横浜高校の最寄り駅である。◎能見台　昭和58年頃　撮影：山田虎雄

金沢文庫

【所在地】神奈川県横浜市金沢区谷津町384　【開業】1930（昭和5）年4月1日　【キロ程】39.5km（品川起点）　【ホーム】2面4線
【乗降人員】70,673人（2018年）

歴史ある称名寺、金沢文庫の最寄り駅として、寺院風の建築様式の駅舎だった頃の金沢文庫駅。駅の開業は1930（昭和5）年4月
で、このときには杉田、京急富岡、能見台の各駅はなく、横浜側の隣駅は屏風浦駅だった。駅の南側に京急の車両基地、金沢検車区
が存在し、始発・終着とする列車が多数存在している。◎金沢文庫　1967（昭和42）年7月30日　撮影：荻原二郎

金沢文庫駅に隣接する金沢車庫（現・金沢検車区）で待機するクハ140形クハ142。1925年登場の京浜初の半鋼製車デ51形が大
東急時代にデハ5140形になり、戦後クハ化されクハ140形になり、デハ230形の中間に連結された。車体幅が狭く、ドアにステップ
が張り出している。このクハ142は京急発足時デハ142だったが1951（昭和26）年にクハ142となる。
◎金沢文庫　1953（昭和28）年3月15日　撮影：伊藤威信

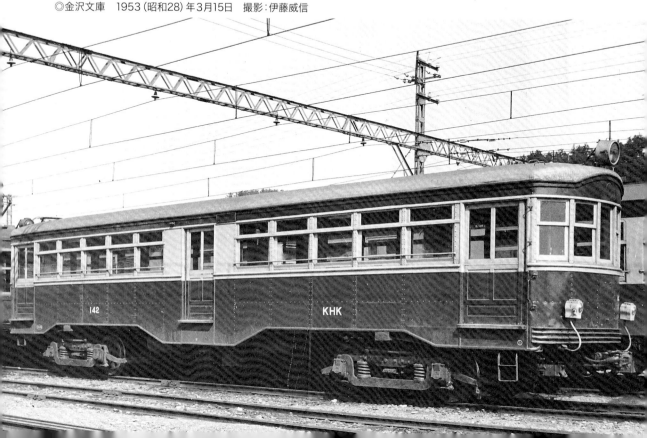

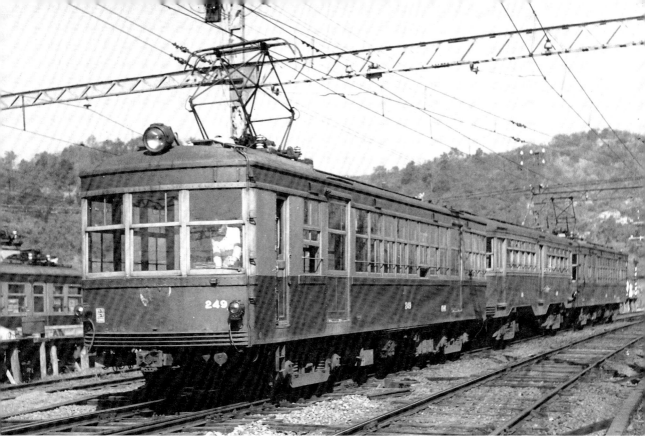

金沢車庫で待機する京急の名車デハ230形
デハ249とクハ140、デハ230の3両編成。
このデハ249は1930（昭和5）年の湘南電
気鉄道開通時に湘南デ19として登場。1942
（昭和17）年の大東急への統合時にデハ
5230形デハ5249となり、京急発足時にデ
ハ249となった。このデハ249は1978（昭和
53）年3月17日の営業最終日に大師線で運
転され、京急油壺マリンパークで保存された
が後に解体。
◎金沢文庫　1951（昭和26）年11月10日
撮影：伊藤威信

1951（昭和26）年に登場したデハ500形は当初
前面窓に「桟」が入っていた。登場時はデハ500
形2両のMM編成で5編成10両だったが、翌
1952年にクハ550形が10両登場し、デハ500-
クハ550の2両編成（MT編成）に組み替えられ、
10編成20両となった。1964（昭和39）年に4両
固定MTTM編成化。
◎金沢文庫　1953（昭和28）年3月15日
撮影：伊藤威信

金沢文庫に到着するデハ500形を先頭にした急行浦賀行。前2両はデハ507-クハ557で3両目以降はデハ300形（後のデハ400形400グループ）と思われる。「交通公社時刻表」1956（昭和31）年12月号の京浜急行のページには「急行、品川〜浦賀間10〜20分毎運転、所要77分」と記載されている。◎金沢文庫　1953（昭和28）年12月　撮影：吉村光夫

戦後の1947〜48年に登場したデハ5400形（5401〜5410）は京浜急行電鉄の発足（1948年6月）に伴い同年12月にデハ400形となった（写真はデハ407）。1940年登場の京浜デ101形（大東急時代はデハ5170形）、1943年登場のデ200形、デ250形（大東急時代はデハ5300形、京急発足後はデハ300形）とほぼ同じ17m級、3ドアロングシートのいわゆる関東形で片運転台。◎金沢文庫　1956（昭和31）年11月11日　撮影：荻原二郎

無蓋貨車ト70形ト72。1973年製造。当初はリ70形ダンプ式無蓋貨車でバラスト輸送に使用された。バラスト輸送を行わなくなったため1979年にト70形となり、可動式荷台と油圧機器を撤去した。デト30形に挟まれて運行。
◎金沢文庫
1983 (昭和58) 年8月6日
撮影：荻原俊夫

京急の電動貨車デト30形デト34。デト30形は1949年と1964年に木造無蓋電動貨車の改造名義で登場した半鋼製の無蓋電動貨車である。保線資材輸送や車両部品の配給輸送が主目的。その右側は無蓋貨車ト70形。背後は500形を4ドアロングシート化した500形車体更新車。
◎金沢文庫
1983 (昭和58) 年8月6日
撮影：荻原俊夫

有蓋電動貨車デワ40形デワ46。1979年に400形400グループから改造された。もとは1942年登場の大東急時代のデハ5300形（京急発足後はデハ300形）である。車内はつり革、網棚は撤去されたが、座席は残った。貨車牽引、作業員輸送が主目的で、画面右はバラスト輸送用ホッパ車ホ50形でデワ40形に牽引される。
◎金沢文庫
1983 (昭和58) 年8月6日
撮影：荻原俊夫

デハ400形（400グループ）デハ417を先頭にした普通。先頭のデハ417は戦時中の1944（昭和19）年に大東急デハ5300形デハ5317として登場。京急発足時にデハ317となり、1961（昭和36）年にデハ300形317－318の2両固定編成化され1965（昭和40）年にデハ400形417－418と改番。1973（昭和48）年にデハ417のパンタグラフは撤去された。
◎谷津坂（現・能見台）～金沢文庫
1973（昭和48）年3月9日
撮影：山田 亮

金沢文庫に到着する4ドア化されたデハ500形の普通。2ドアで中央の窓3個分がクロスシートの500形は急行中心の運用だったが、混雑に対応できず1968～69年に4ドアロングシートの車体を新製し、機器は再利用された。本線普通および支線区で運行され1981年に廃車された。
◎金沢文庫
1973（昭和48）年3月9日
撮影：山田 亮

デハ600形（II）の快特。このデハ637を先頭にした編成は撮影時点では6両固定編成である。デハ637は屋根上に集中型冷房機があるが、2両目は床下に冷房機があり屋根上はすっきりしている。写真右側に国道16号が平行している。
◎谷津坂（現・能見台）～金沢文庫
1973（昭和48）年3月9日
撮影：山田 亮

18メートル、4ドアロングシートの
デハ700形（II）の普通。この時点
では冷房化されていないが、後に
全車冷房化された。全電動車では
なく経済的なMTTMの4両編成で
登場したが、MT半々編成のため加
速力は劣るとされた。
◎谷津坂（現・能見台）〜金沢文庫
1973（昭和48）年3月9日
撮影：山田 亮

デハ1057を先頭にした1000形（I）
6両編成の快特。1057編成は1961
（昭和36）年製造で、この年に製造
されたグループから正面貫通ドア付き
になったが、正面窓（運転士側、車掌
側）が縦長で行先表示、種別表示が
内側にある。後に前面が改造され、
正面窓が正方形になり、行先表示、
種別表示が正面窓と分離された。
◎谷津坂（現・能見台）〜金沢文庫
1973（昭和48）年3月9日
撮影：山田 亮

金沢文庫駅に隣接する金沢工場
（現・金沢検車区）で並ぶ当時の
京急の代表車両。左からクハ140
形クハ142（京浜デ51形を戦後
クハ化）、デハ500形デハ501、デ
ハ230形デハ250。中央のデハ
501は500形から採用された赤
と窓回り黄の塗装である。左の
クハ142と右のデハ250はマルー
ンと窓回り黄の塗装と思われる。
1955年前後から赤に白帯の塗
装に順次変更。
◎金沢文庫
1953（昭和28）年
撮影：荻原二郎

Kanazawa-hakkei
金沢八景

【所在地】神奈川県横浜市金沢区瀬戸15ー1　【開業】1930（昭和5）年4月1日　【キロ程】40.9km（品川起点）　【ホーム】2面4線
【乗降人員】59,039人（2018）年

京急本線と逗子線の分岐点である金沢八景駅は、横浜シーサイドライン・金沢シーサイドラインとの連絡駅でもある。開業は1930
（昭和5）年4月で、京急の駅は島式ホーム2面4線の地上駅だが、傾斜地にあるため改札口はホームの下にある。2019（平成31）
年1月から、橋上駅舎改札口の使用が開始された。◎金沢八景　昭和48年頃　撮影：山田虎雄

金沢八景に到着する1000形16両の特急三崎口行。画面右の崖は後に取り崩され建物が建っている。画面左は700形4両の逗子
線から直通の金沢文庫行。左端の線路に注目。東急車輛製造（現・総合車両製作所）の車両搬入、搬出のため3線区間（1435mmと
1067mm）となり、逗子線神武寺まで上り線が3線区間である。◎金沢八景　1979（昭和54）年2月4日　撮影：荻原俊夫

本線と逗子線の分岐点金沢八景に停車中の500形2両の急行浦賀行（先頭はデハ505）。前面窓は固定式の1枚ものに改造されている。ホームを被う上屋は屋根型の古風な設えだった。◎1962（昭和37）年7月20日　撮影：荻原二郎

平潟湾に面した金沢シーサイドライン金沢八景駅。1989年7月に横浜新都市交通（現・横浜シーサイドライン）金沢シーサイドライン新杉田〜金沢八景間が開通。開通当初は写真のように京急電鉄の金沢八景駅と離れた場所にあり不便だったが、2019年3月に約200m延長され京急の駅と接続した。◎金沢八景　平成初期　撮影：山田虎雄

六浦、神武寺

Mutsuura　Jimmuji

六浦

【所在地】神奈川県横浜市金沢区六浦５－１－１

【開業】1943（昭和18）年２月15日

【キロ程】1.3km（金沢八景起点）

【ホーム】2面2線

【乗降人員】16,188人（2018年）

神武寺

【所在地】神奈川県逗子市池子２－11－２

【開業】1931（昭和６）年４月１日

【キロ程】4.1km（金沢八景起点）

【ホーム】2面2線

【乗降人員】7,028人（2018年）

逗子線の六浦駅は、1930（昭和５）年４月の
湘南電気鉄道の開通時には設置されておら
ず、1943（昭和18）年２月に海軍関係者専用
の駅として開設された、六浦荘仮駅がルーツ
となっている。1949（昭和24）年３月に現在
地に移転して六浦駅に改称した。これは橋上
駅舎になる前の地平駅舎時代の姿である。
◎六浦　1964（昭和39）年５月24日
撮影：荻原二郎

逗子線を行くデハ300形2両編成の普通。先頭はデハ305。1943年に大東急デハ5300形として登場した18m車。京急発足後デ
ハ300形となり1965年の改番でデハ400形400グループ（デハ405）となった。手前の上り線は東急車輌製造（現・総合車両製作
所）からの車両搬出のための3線区間（1435mmと1067mm）である。◎六浦　1964（昭和39）年５月24日　撮影：荻原二郎

奈良時代、僧の行基が創建したと伝わる天台宗の寺院、神武寺が駅名の由来である。1931（昭和6）年4月に仮駅としてスタートし、1936（昭和11）年6月に駅に昇格した。1944（昭和19）年9月に現在地に移転し、2007（平成19）年3月に現在の駅舎が誕生した。これは木造の旧駅舎である。◎神武寺　1964（昭和39）年5月24日　撮影：荻原二郎

Zushi Hayama
逗子・葉山

【所在地】神奈川県逗子市逗子５−１−６ 【開業】1930（昭和５）年４月１日 【キロ程】5.9km（金沢八景起点） 【ホーム】１面１線
【乗降人員】25,273人（2018年）

2020（令和２）年３月に逗子・葉山駅に改称したこの駅は、1930（昭和５）年４月に湘南逗子駅として開業し、翌1931年に葉山口乗降場を開設した。この際に元の駅は沼間口乗降場となり、細長いホームをもつ駅スタイルとなって、その後も構造・名称の変化を繰り返してきた。
◎京浜逗子（現・逗子・葉山）
1984（昭和59）年
撮影：山田虎雄

戦時中に廃止されていた葉山口乗降場を1948（昭和23）年７月に復活させたのが、この逗子海岸駅である。その後、名称変更した京浜逗子駅と並立する時代が続いたが、1985（昭和60）年３月、両駅が統合されて中間付近に新逗子駅が設置された。現在は「新逗子」が副駅名となっている。◎逗子海岸（現・逗子・葉山） 1984（昭和59）年 撮影：山田虎雄

逗子線の終点、逗子海岸駅。湘南逗子（1963年11月に京浜逗子と改称）〜逗子海岸間約400メートルは1958（昭和33）年6月に複線化された。写真は複線化工事中の光景。写真左にはクハ350形（戦災復旧車）を連結した金沢八景〜逗子海岸折返し電車が停車中。1985（昭和60）年3月に京浜逗子と統合して新逗子と改称。2020（令和2）年3月14日には逗子・葉山と改称された。
◎逗子海岸（現・逗子・葉山）　1958（昭和33）年5月　撮影：吉村光夫

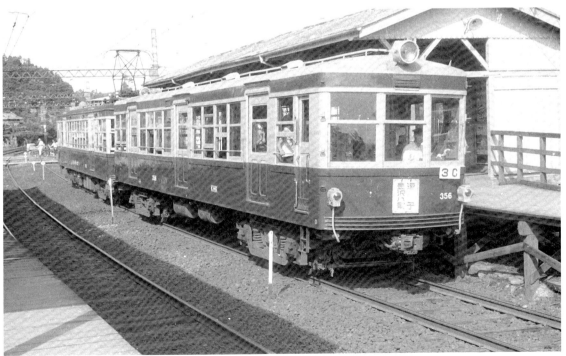

湘南逗子（1963年11月京浜逗子と改称、1985年3月1日逗子海岸と統合して新逗子と改称）に到着したクハ350形356-デハ230形の金沢八景〜逗子海岸折返し電車。約400m離れた逗子海岸で折り返した。先頭のクハ350形はデハ5170形の戦災復旧車で3ドアの制御車。1952年までは前半分が占領軍将兵用の白帯車だった。なお、新逗子は2020年3月に逗子・葉山に駅名が改称された。◎湘南逗子（現・逗子・葉山）　1956（昭和31）年　撮影：荻原二郎

Oppama
追浜

【所在地】神奈川県横須賀市追浜町３－３　【開業】1930（昭和５）年４月１日　【キロ程】42.8km（品川起点）　【ホーム】２面２線
【乗降人員】42,727人（2018年）

戦前には、海軍の航空廠、追浜飛行場などがあり、専用ホームが設けられていたこともある追浜駅。駅の開業は1930（昭和５）年４月で、1973（昭和48）年２月に橋上駅舎が誕生している。駅の東側には追浜公園があり、横浜DeNAベイスターズの二軍本拠地、横須賀スタジアムが存在する。
◎追浜　1971（昭和46）年４月16日　撮影：荻原二郎

京浜急行の切符コレクション②

京急田浦、安針塚

京急田浦　【所在地】神奈川県横須賀市船越町5-2　【開業】1930（昭和5）年4月1日　【キロ程】44.5km（品川起点）　【ホーム】2面2線（高架）
【乗降人員】12,971人（2018年）

安針塚　【所在地】神奈川県横須賀市長浦町2-32　【開業】1934（昭和9）年10月1日　【キロ程】47.1km（品川起点）　【ホーム】2面2線（高架）
【乗降人員】4,807人（2018年）

約1.5キロ離れた南東にJR横須賀線の田浦駅が存在することで、1930年に湘南電気鉄道の湘南田浦駅として開業した。その後、「湘南」から「京浜」を経て、現在は「京急」の冠をつけた駅となっている。これは2007～2009（平成19～21）年に駅改良工事が実施される前の駅舎の姿である。
◎京浜田浦（現・京急田浦）
1966（昭和41）年7月10日
撮影：荻原二郎

駅名の「安針塚」は、江戸初期にリーフデ号で日本に漂着し、徳川家康に仕えたイギリス人、ウィリアム・アダムス（日本名・三浦按針）の墓があることに由来している。1934（昭和9）年10月に軍需部前駅として開業したが、機密保持の理由から、1940（昭和15）年10月に「安針塚」に駅名を改称した。◎安針塚　1966（昭和41）年7月10日　撮影：荻原二郎

逸見

【所在地】神奈川県横須賀市東逸見町２－18　【開業】1930（昭和５）年４月１日　【キロ程】48.1㎞（品川起点）　【ホーム】２面２線
【乗降人員】5,290人（2018年）

山側の丘陵地を走る京急本線だが、この逸見駅を含む区間にはトンネルが多く存在する。駅の開業は1930（昭和５）年４月で、ホームは大きなカーブを描いている。当初は島式ホーム１面２線だったが、1958（昭和33）年９月に相対式ホーム２面２線の構造に変わっている。◎逸見　1966（昭和41）年７月10日　撮影：荻原二郎

600形（II）の快特車内。白いビニールカバーのかかった固定クロスシートが並ぶ。
◎1973（昭和48）年３月９日　撮影：山田 亮

Shioiri
汐入

【所在地】神奈川県横須賀市汐入町2-41 【開業】1930（昭和5）年4月1日 【キロ程】49.2km（品川起点） 【ホーム】2面2線（高架）
【乗降人員】21,514人（2018年）

横須賀港（本港地区）の南東に位置している汐入駅。1930（昭和5）年4月の開業時の駅名は「横須賀軍港」で、1940（昭和15）年10月に「横須賀汐留」に改称し、1961（昭和36）年9月に現在の駅名「汐入」に変わっている。駅の構造は相対式ホーム2面2線の相対式ホームを備える地上駅である。
◎汐入
1966（昭和41）年7月3日
撮影：荻原二郎

デハ400形（400グループ）デハ414を先頭にした普通金沢文庫行。このデハ414は1943（昭和18）年に大東急デハ5300形デハ5314として登場し、京急発足後はデハ300形デハ314となり、1965（昭和40）年にデハ414と改番された。汐入は前後をトンネルに挟まれた駅として知られる。JR横須賀駅とは800メートルほど離れ、徒歩10数分である。
◎汐入　昭和45年頃　撮影：山田虎雄

横須賀中央

Yokosuka-chūō

【所在地】神奈川県横須賀市若松町２−25　**【開業】**1930（昭和５）年４月１日　**【キロ程】**49.9㎞（品川起点）　**【ホーム】**２面２線
【乗降人員】67,300人（2018年）

人口約39万人の横須賀市の玄関口となっている横須賀中央駅は、横須賀市役所の最寄り駅であり、地元では「中央」と呼ばれている。相対式ホーム２面２線を有する、築堤上に築かれた地上駅で、ホームの両側にはトンネルが迫っている。西口側には隣接する形で横須賀モアーズシティが存在している。
◎横須賀中央　昭和34年頃
撮影：山田虎雄

デハ400形デハ421を最後部にした普通品川行。このデハ421はデハ400形420グループで、戦後の1949（昭和24）年製造の運輸省規格型車両。1969〜70年に車体が更新されて全鋼製車体となり、行先・種別表示の方向幕が取り付けられた。
◎横須賀中央　1970（昭和45）年
撮影：山田虎雄

横須賀市の中心に位置し拠点駅である横須賀中央駅。駅前は商業地で横須賀市内へのバスが発着する。横須賀は山が迫り市街地は海沿いに細長く続く。湘南電気鉄道は市街地を避け、山側にトンネルを掘り、開けた場所に駅を造った。トンネルが多いのは用地買収の困難に加え、横須賀の軍港を車窓から隠蔽するためだったとされる。横須賀中央の前後はトンネルでホームは相対式2線だけである。1000形（I）普通品川行が発車するところ。
◎横須賀中央　1973（昭和48）年
撮影：山田虎雄

県立大学、堀ノ内

Kenritsudaigaku　　Horinouchi

県立大学　【所在地】神奈川県横須賀市安浦町２−28　【開業】1930（昭和５）年４月１日　【キロ程】51.1km（品川起点）　【ホーム】１面２線（高架）
【乗降人員】12,424人（2018年）

堀ノ内　【所在地】神奈川県横須賀市三春町３−45　【開業】1930（昭和５）年４月１日　【キロ程】52.3km（品川起点）　【ホーム】２面４線
【乗降人員】12,312人（2018年）

現在の「県立大学」という駅名は、海（北東）側にキャンパスがある神奈川県立保健福祉大学に由来している。開業当初の駅名は「横須賀公郷」で、1963（昭和38）年11月に「京浜安浦」となり、1987（昭和62）年６月に「京急安浦」へと駅名が変わった。これは京浜安浦駅時代の姿である。
◎京急安浦（現・県立大学）
1984（昭和59）年

「堀ノ内」という地名は、中世の武士の館跡に由来するもので、日本各地に存在している。この駅は1930（昭和５）年４月に横須賀堀内仮駅として開業し、1936（昭和11）年６月に駅に昇格した。1961（昭和36）年９月に現在の駅名となり、2017（平成29）年に新しい駅舎が誕生している。◎堀ノ内　1984（昭和59）年

京急大津、馬堀海岸

Keikyū Ōtsu　Maborikaigan

京急大津　【所在地】神奈川県横須賀市大津町１－11－19　【開業】1930（昭和５）年４月１日　【キロ程】53.1km（品川起点）　【ホーム】２面２線
【乗降人員】5,043人（2018年）

馬堀海岸　【所在地】神奈川県横須賀市馬堀町３－20－１　【開業】1930（昭和５）年４月１日　【キロ程】54.2km（品川起点）　【ホーム】２面２線
【乗降人員】9,240人（2018年）

京急大津駅は京急本線の駅であり、久里浜線には新大津駅が存在している。1930（昭和５）年４月に開業した際の駅名は「湘南大津」で、1963（昭和38）年11月に「京浜大津」となり、1987（昭和62）年６月に現在の駅名「京急大津」になった。駅の構造は、相対式ホーム２面２線の地上駅である。
◎京浜大津（現・京急大津）1980（昭和55）年

1930（昭和５）年４月に開業した当時は、駅のすぐ北側が海であり、夏季にはこの地を訪れる海水浴客で大いに賑わっていた。現在は埋め立てにより、海岸線は北側に移り、駅周辺は住宅地となっている。傾斜地に位置しており、駅舎はホームの下にある。1986（昭和61）年に現在の駅舎が誕生した。◎馬堀海岸　1980（昭和55）年

浦賀

【所在地】神奈川県横須賀市浦賀１－１－１　**【開業】**1930（昭和５）年４月１日　**【キロ程】**55.5km（品川起点）　**【ホーム】**１面２線
【乗降人員】20,853人（2018年）

幕末にはアメリカのペリー提督の乗った黒船が来航し、幕府の浦賀奉行が置かれていた浦賀は現在、横須賀市の一部となっている。京急本線の終着駅である浦賀駅は、1930（昭和５）年４月に湘南電気鉄道の駅として開業。現在の駅の構造は、島式ホーム１面２線を有する地上駅である。◎浦賀　昭和55年頃　撮影：山田虎雄

浦賀に停車中のデハ230形の普通品川行。後部に戦災復旧車クハ350形を連結しているが、戦災復旧車で当時でも相当痛んでいたことがわかる。浦賀駅は深く入り込んだ浦賀湾の奥に位置し、浦賀港には敗戦直後、多くの復員兵、外地からの引揚者が上陸した。浦賀港は1964年３月まで金谷へのフェリーが発着したが、その後は久里浜港発着になった。
◎浦賀　1963（昭和38）年７月16日　撮影：荻原二郎

浦賀を発車する1000形（I）4両の普通品川行。品川～浦賀間が「本線」であるが、三浦海岸、三崎口への延長に伴い、久里浜線が実質的な本線になり、堀ノ内～浦賀間は支線扱いになった。浦賀からの普通は堀ノ内で快特に接続し、不便さは感じられない。
◎浦賀　1979（昭和54）年3月　撮影：山田 亮

大正14年と昭和31年の時刻表

上は1925（大正14）3月16日改正の京浜電気鉄道の時刻表。この改正とほぼ同時に北品川から東京市電に乗入れ品川駅前の高輪に達し、1933（昭和8）年4月に現在位置に品川駅が開設されるまで続いた。横浜側のターミナルは神奈川で省線（国鉄）神奈川駅に隣接し横浜市電に連絡した。下は1956（昭和31）年12月16日改正の京浜急行時刻表。品川～浦賀間は61.3キロとなっているが実際は55.5キロ。これは京浜、湘南合併時に運賃（賃率）が高かった湘南の距離を実際より延ばし運賃を京浜にあわせたためである（現在は是正されている）。特急は行楽用で平日5本、土曜2本、休日1本だが、春秋の休日は特急が品川発7:20から10:20まで20分間隔で発車。

新大津、北久里浜

Shin-ōtsu　　Kitakurihama

新大津　【所在地】神奈川県横須賀市大津町4－7－1　【開業】1942（昭和17）年12月1日　【キロ程】0.8km（堀ノ内起点）　【ホーム】2面2線
【乗降人員】6,857人（2018年）

北久里浜　【所在地】神奈川県横須賀市根岸町2－29－1　【開業】1942（昭和17）年12月1日　【キロ程】1.7km（堀ノ内起点）　【ホーム】2面2線
【乗降人員】26,105人（2018年）

1942（昭和17）年12月に鳴神駅として開業した現在の新大津駅。この「鳴神」は太平洋戦争で日本軍が一時占領していた、アリューシャン列島のキスカ島の日本名である。1948（昭和23）年2月に新大津駅へと改称している。現在の駅舎は2007（平成19）年4月に誕生している。◎新大津　1966（昭和41）年3月31日　撮影：荻原二郎

隣駅の新大津駅（開業時は鳴神駅）と同様、この北久里浜駅は1942（昭和17）年12月の開業時は「昭南駅」で、当時、日本軍が占領していたシンガポールの日本名を名乗っていた。1948（昭和23）年2月に「湘南井田駅」に改称され、1963（昭和38）年11月に現在の駅名「北久里浜」となっている。◎北久里浜　1965（昭和40）年11月21日　撮影：荻原二郎

京急久里浜

Keikyū Kurihama

【所在地】神奈川県横須賀市久里浜4-4-10 **【開業】**1942（昭和17）年12月1日 **【キロ程】**4.5km（堀ノ内起点） **【ホーム】**2面3線（高架）
【乗降人員】43,422人（2018年）

この京急久里浜駅の前身は1942（昭和17）年12月に北側に開業した久里浜仮駅。1943（昭和18）年9月に現在地で久里浜駅として開業し、1944（昭和19）年4月、湘南久里浜駅と改称した。1963（昭和38）年11月に「京浜久里浜」へと改称した後、1987（昭和62年）6月、現在の駅名「京急久里浜」となった。これは地上駅時代の風景で、現在は高架駅となっている。◎京浜久里浜（現・京急久里浜）1961（昭和36）年1月26日　撮影：荻原二郎

1000形（I）の地下鉄直通H特急押上行。最後部はデハ1207。写真左側奥（西側）に駅前広場を挟んで国鉄（現・JR）久里浜駅がある。ホームは1959（昭和34）年から2面3線（片側ホームと両面ホーム）だったが、1982（昭和57）年6月に駅改良工事が完成し真ん中に折返し線のある2面3線となり、快特と特急の乗り継ぎが便利になった。
◎京浜久里浜（現・京急久里浜）　1981（昭和56）年　撮影：山田虎雄

500形4両の急行。500形は1951年に登場した戦後初の2ドア、セミクロスシート車で総数20両。前面は大窓2枚の新たな京急タイプを確立。側面も幅1200mmの広窓が並び、中央の窓3個分がクロスシート。700形Ⅰ（後の600形Ⅱ）登場後は急行に使用。京浜久里浜（現・京急久里浜）〜野比（現・YRP野比）間は1963年11月に開通。
◎京浜久里浜（現・京急久里浜）　1965（昭和40）年11月21日
撮影：荻原二郎

YRP野比、京急長沢、津久井浜

YRP野比　【所在地】神奈川県横須賀市野比1－9－1　【開業】1963（昭和38）年11月1日　【キロ程】7.2km（堀ノ内起点）　【ホーム】2面2線（高架）
【乗降人員】18,677人（2018年）

京急長沢　【所在地】神奈川県横須賀市長沢1－35－1　【開業】1966（昭和41）年3月27日　【キロ程】8.5km（堀ノ内起点）　【ホーム】1面2線
【乗降人員】7,396人（2018年）

津久井浜　【所在地】神奈川県横須賀市津久井4－2－1　【開業】1966（昭和41）年3月27日　【キロ程】9.7km（堀ノ内起点）　【ホーム】2面2線
【乗降人員】6,432人（2018年）

駅名となっている「YRP」とは、ICT技術の研究開発拠点である、横須賀リサーチパークの略称である。1963（昭和38）年11月に野比駅として開業。1998（平成10）年4月に横須賀リサーチパークが誕生したことで、現在の「YRP野比」に駅名を改称した。これは野比駅時代の地上駅舎である。◎野比（現・YRP野比）1964（昭和39）年1月26日　撮影：荻原二郎

1966（昭和41）年3月27日に開業した際は京浜長沢駅で、当時は単式ホームの駅だった。1980（昭和55）年6月に京浜長沢〜津久井浜間が複線化され、島式ホーム1面2線の高架駅に変わっている。1987（昭和62）年6月に現在の駅名「京急長沢」に駅名を改称した。◎京浜長沢（現・京急長沢）　1966（昭和41）年3月31日　撮影：荻原二郎

1966（昭和41）年3月の京急久里浜線延伸により、終着駅として開業したのがこの津久井浜駅。終着駅だったのはわずか4か月で、同年7月には三浦海岸駅まで延伸して中間駅となった。駅の構造は相対式2面2線のホームを有する地上駅で、夏季には海水浴場の玄関口として賑わいを見せる。◎津久井浜　1966（昭和41）年3月31日　撮影：荻原二郎

津久井浜に到着する1000形（I）6両の特急三浦海岸行。先頭はデハ1149。野比（現、YRP野比）〜津久井浜間は1966（昭和41）年3月27日に開通し、3か月後の同年7月7日に三浦海岸まで開通した。京浜久里浜〜野比〜津久井浜間は単線で開通したが、京浜長沢〜津久井浜間は1980（昭和55）年6月に複線化され、在来線が下り線になり山側に上り線が新設された。（津久井浜〜三浦海岸間は当初から複線）◎京浜長沢（現・京急長沢）〜津久井浜　1966（昭和41）年7月　撮影：吉村光夫

クロスシートの700形Iは1966年に改番され600形IIとなった。600形II6両の特急
房総号。休日のハイキング特急(座席指定)は1965年秋が最後の運転で、それ以降は
定期特急の一部に「房総」「三浦」などのマークを付けて運転。野比(現・YRP野比)
〜津久井浜間は1966年3月に開通、約3か月後の同年7月に三浦海岸まで延長。
◎津久井浜　1967(昭和42)年12月3日

三浦海岸

【所在地】神奈川県三浦市南下浦町上宮田1497　【開業】1966（昭和41）年7月7日　【キロ程】11.2km（堀ノ内起点）　【ホーム】2面2線（高架）
【乗降人員】11,458人（2018年）

1966（昭和41）年7月に京急久里浜線が延伸し、終着駅として三浦海岸駅が開業した。これは当時の駅舎、ホームの姿であり、1975（昭和50）年4月に三崎口駅まで延伸して、途中駅となった。現在の駅の構造は、相対式ホーム2面2線を有する高架駅である。
◎三浦海岸　1966（昭和41）年7月7日　撮影：荻原二郎

1966（昭和41）年7月に誕生した当時の三浦海岸駅の風景で、「三浦海岸フラダンスフェスティバル」の開催案内が見える。この三浦海岸駅は三浦半島の東側、金田湾に面した海岸付近に位置し、駅付近には三浦マホロバ温泉（マホロバマインズ三浦）があって、リゾート地の雰囲気が漂っている。◎三浦海岸　1966（昭和41）年7月10日　撮影：荻原二郎

三崎口

【**所在地**】神奈川県三浦市初声町下宮田495　【**開業**】1975（昭和50）年4月26日　【**キロ程**】13.4km（堀ノ内起点）　【**ホーム**】2面2線（一部高架）
【**乗降人員**】17,424人（2018年）

1975（昭和50）年4月に開業した三崎口駅。京急久里浜線はここが終着駅で、半島南側の観光名所、三崎漁港、油壷マリンパーク（水族館）、城ケ島などに行くには路線バス、タクシーなどに乗り換える必要がある。2011（平成23）年には駅舎が改築されおり、これは改築前の姿である。
◎三崎口
1975（昭和50）年4月26日
撮影：荻原二郎

三崎口で折返す1000形IのH特急押上行。三浦海岸〜三崎口間は単線だが複線分の用地が確保されている。三崎口〜油壷間2.1キロの延長は工事施工認可を得ていたが「小網代の森」を横断するため自然保護団体から反対運動があり、採算性なども総合的に判断し、2005年に事業廃止された。2016年に京急は延伸計画の凍結を発表した。
◎三崎口〜三浦海岸　1978（昭和53）年5月28日　撮影：荻原二郎

山田 亮（やまだ あきら）

1953年生、慶應義塾大学法学部卒、慶應義塾大学鉄道研究
会ＯＢ、鉄研三田会会員、元地方公務員、鉄道研究家で特
に鉄道と社会の関わりに関心を持つ。
1981年「日中鉄道友好訪中団」（竹島紀元団長）に参加し、北
京および中国東北地区（旧満州）を訪問。
1982年、フランス、スイス、西ドイツ（当時）を「ユーレイル
パス」で鉄道旅行。車窓から見た東西ドイツの国境に強い衝
撃をうける。

吉村光夫氏が造られた模型の数々

2001年、三岐鉄道（三重県）70周年記念コンクール「ルポ（訪問記）部門」で最優秀賞を受賞。
現在、日本国内および海外の鉄道乗り歩きを行う一方で、「鉄道ピクトリアル」などの鉄道情報誌に鉄道史や列車運転史の研究
成果を発表している。
（主な著書）
「相模鉄道、街と駅の一世紀」（2014、彩流社）
「上野発の夜行列車・名列車、駅と列車のものがたり」（2015、JTBパブリッシング）
「JR中央線・青梅線・五日市線各駅停車」（2016、洋泉社）
「南武線、鶴見線、青梅線、五日市線、1950～1980年代の記録」（2017、アルファベーターブックス）
「常磐線、街と鉄道、名列車の歴史探訪」（2017、フォトパブリッシング）
「1960～70年代、空から見た九州の街と鉄道駅」（2018、アルファベーターブックス）
「中央西線、1960年代～90年代の思い出アルバム」（2019、アルファベーターブックス）
「横浜線」「内房線」「外房線」「総武本線、成田線、鹿島線」街と鉄道の歴史探訪（2019～2020、フォトパブリッシング）

【写真撮影・提供】

小川峯生、荻原二郎、荻原俊夫、柴橋達夫、園田正雄、高橋義男、羽片日出夫、
矢崎康雄、山田 亮、山田虎雄、吉村光夫、RGG（荒川好夫、伊藤威信、大道政之、
河野 豊、小林大樹、高木英二、森嶋孝二、宮崎真二）

【駅舎写真の解説、沿線案内図、絵葉書提供・文】

生田 誠

【参考文献】

鉄道ピクトリアル「京浜急行電鉄特集号」（1988年9月増刊、1998年7月増刊、2017年8月増刊）
吉村忠晃（吉村光夫）「京浜急行車両70年史」（鉄道ファン1968年7、8、10、11月号掲載）
佐藤良介著「京急クロスシート車の系譜」（2003、JTBキャンブックス）
佐藤良介著「京急の駅今昔・昭和の面影」（2006、JTBキャンブックス）

昭和～平成
しょう わ　へい せい

京浜急行沿線アルバム
けい ひん きゅう こう えん せん

発行日 ‥‥‥‥‥‥‥‥‥‥2020年10月10日　第1刷　　※定価はカバーに表示してあります。
解説 ‥‥‥‥‥‥‥‥‥‥‥山田 亮
発行者 ‥‥‥‥‥‥‥‥‥春日俊一
発行所 ‥‥‥‥‥‥‥‥‥株式会社アルファベータブックス
　　　　　　　　　　〒102-0072　東京都千代田区飯田橋2-14-5 定谷ビル
　　　　　　　　　　TEL. 03-3239-1850　FAX.03-3239-1851
　　　　　　　　　　http://ab-books.hondana.jp/

編集協力 ‥‥‥‥‥‥‥‥株式会社フォト・パブリッシング
デザイン・DTP ‥‥‥‥柏倉栄治
印刷・製本 ‥‥‥‥‥‥‥モリモト印刷株式会社